# Materialien für die juristische Ausbildung

Henry Fiebig

## Übungen im Privatrecht

## Band III

## Handels- und Gesellschaftsrecht

Methodik der Fallbearbeitung zum BGB und zum HGB

2. überarbeitete Auflage

- Kaufmännische und nichtkaufmännische Unternehmen
- Inhaberwechsel eines kaufmännischen Unternehmens (Nachhaftungsbegrenzung)
- Gesetzliche und rechtsgeschäftliche Vertretung (Prokura, Handlungsvollmacht, Rechtsscheinvollmacht)
- Recht am eingerichteten und ausgeübten Gewerbebetrieb
- Handelsgeschäfte
- Kaufmännische Personenzusammenschlüsse (Gesellschaften)

Shaker Verlag
Aachen 2016

**Bibliografische Information der Deutschen Nationalbibliothek**
Die Deutsche Nationalbibliothek verzeichnet diese Publikation in der Deutschen Nationalbibliografie; detaillierte bibliografische Daten sind im Internet über http://dnb.d-nb.de abrufbar.

Copyright Shaker Verlag 2016
Alle Rechte, auch das des auszugsweisen Nachdruckes, der auszugsweisen oder vollständigen Wiedergabe, der Speicherung in Datenverarbeitungsanlagen und der Übersetzung, vorbehalten.

Printed in Germany.

ISBN 978-3-8440-4846-9
ISSN 1436-5014

Shaker Verlag GmbH • Postfach 101818 • 52018 Aachen
Telefon: 02407 / 95 96 - 0 • Telefax: 02407 / 95 96 - 9
Internet: www.shaker.de • E-Mail: info@shaker.de

# Vorwort

Das nunmehr vorliegende Übungsbuch macht die dreibändige Reihe „Übungen im Privatrecht" komplett. Ebenso wie die Bände I und II verfolgt dieser dritte Band das Ziel, dem Studienanfänger sowohl des Jura-Studiums als auch anderer Fachrichtungen mit wirtschaftsprivatrechtlichem Profil die Methodik der Fallbearbeitung verständlich zu machen.

In dem im Wintersemester 2011/2012 erstmals erschienenen **Band I** geht es mir zunächst einmal darum, dem anfänglich meist desorientierten Studierenden der Rechtswissenschaft den Weg zum allgemeinen Verständnis des Bürgerlichen Rechts zu weisen. Hier stehen der Allgemeine Teil des BGB und das Sachenrecht, also die Bücher 1 und 3 des BGB, im Mittelpunkt. In der Einführung zu diesem Band I bin ich der wichtigen, alles entscheidenden Frage nachgegangen, wie man einen Rechtsfall methodisch richtig löst. Dazu werden die zu beachtenden Grundregeln zur Anfertigung eines Rechtsgutachtens ausführlich dargelegt.

Im **Band II**, der erstmals im Sommersemester 2012 erschien, geht es um das **Schuldrecht** – insbesondere das **Vertragsrecht** – also um das Buch 2 des BGB. Hier wird dem Leser in der Einführung das erforderliche Grundverständnis zur Stellung des Schuldrechts im Rahmen der Rechtsordnung vermittelt.

In diesem **Band III** beschäftige ich mich mit sonderprivatrechtlichen Problemen des Handels- und Gesellschaftsrechts. Auch diesmal sollen die ausgewählten Fälle wesentliche Grundfertigkeiten im Umgang mit rechtlichen Problemen vermitteln. Dabei wird, wie immer, von meiner Grundthese ausgegangen, dass es beim Studium des Rechts nicht vorrangig um Wissen und Kennen im Sinne eines Auswendiglernens, sondern um Verständnis und Können in Bezug auf die sichere Handhabung rechtlicher Regelungen geht. Deshalb appelliere ich abermals an Ihre Ausdauer und Beharrlichkeit. Verzagen Sie nicht, auch wenn Sie nicht gleich auf Anhieb die dargelegten Rechtsstrukturen zu den beiden sonderrechtlichen Bereichen des Privatrechts begreifen. Auch diesmal kann ich Ihnen versichern, dass sowohl das Handels- als auch das Gesellschaftsrecht außerordentlich strukturiert und logisch konstruiert und in ihrem Zusammenspiel und ihrer Verknüpfung durchaus verständlich und handhabbar sind.

Wie in den beiden anderen Übungsbüchern können Sie sich in der Einführung zunächst das erforderliche Grundverständnis zum Rechtsgebiet – hier also zum Handels- und Gesellschaftsrecht – verschaffen und sich davon ausgehend mit den einzelnen Rechtsfällen und deren Lösungen beschäftigen.

In die Erarbeitung dieser 2. Auflage des dritten Bandes meiner Übungsbuchreihe sind wieder zahlreiche konstruktive Ideen meiner Studierenden aus den zurückliegenden Vorlesungen und Übungen (z.B. die Festigung des Wissens und Könnens im Multiple-Choice-Verfahren) eingeflossen.

Für die tatkräftige Mitwirkung meiner beiden wissenschaftlichen Mitarbeiter – Sotiria Iakovi und Carsten Stempel – bedanke ich mich an dieser Stelle ganz herzlich.

Potsdam, Wintersemester 2016/2017 *Henry Fiebig*

# Inhalt

Abkürzungen..................................................................................................VII

Literatur............................................................................................................XI

Einführung..................................................................................................... XIII

## I. Das kaufmännische Unternehmen

Fall 1: Der Unternehmensbegriff im BGB und im HGB................................. 1

Fall 2: rechtsgeschäftliche Vertretung (Prokura).............................................. 5

Fall 3: rechtsgeschäftliche Vertretung (Ladenvollmacht)................................ 13

Fall 4: rechtsgeschäftliche Vertretung (Rechtscheinvollmacht)...................... 17

Fall 5: Inhaberwechsel eines kaufmännischen Unternehmens........................ 20

Fall 6: Das Recht am eingerichteten und ausgeübten Gewerbebetrieb........... 33

## II. Handelsgeschäfte

Fall 7: Geldforderungen als Kreditsicherheit trotz Zessionsverbot................. 37

Fall 8: gutgläubiger Eigentumserwerb trotz mangelnder Verfügungsbefugnis.............41

Fall 9: Das kaufmännische Zurückbehaltungsrecht........................................ 47

## III. kaufmännische Personenzusammenschlüsse (Gesellschaften)

Fall 10: Abgrenzung von GbR und Bruchteilsgemeinschaft........................... 53

Fall 11: gesetzliche Vertretung einer GbR...................................................... 55

Fall 12: gesetzliche Vertretung und Organhaftung einer OHG....................... 59

Fall 13: Nachhaftung ausscheidender OHG-Gesellschafter............................ 67

## Festigung des Wissens und Könnens im Multiple-Choice-Verfahren ........ 73

I.   Das (kaufmännische) Unternehmen....................................................... 73

II.  Das Handelsregister................................................................................ 74

III. Das Firmenrecht..................................................................................... 74

IV. Haftung bei Inhaberwechsel................................................................... 75

V.  Prokura und Handlungsvollmacht.......................................................... 76

VI. Das Handelsgeschäft.............................................................................. 79

VII. (kaufmännische) Personenvereinigungen............................................. 80

## Abkürzungen

| | |
|---|---|
| AGB | Allgemeine Geschäftsbedingungen (vgl. §§ 305 ff. BGB) |
| AktG | Aktiengesetz vom 6.9.1965, BGBl. I S. 1089 |
| Alt. | Alternative |
| Aufl. | Auflage |
| BAG | Bundesarbeitsgericht |
| Bd. | Band |
| ber. | berichtigt |
| BetrVG | Betriebsverfassungsgesetz in d. Fassung d. Bekanntmachung v. 25.9.2001, BGBl. I S. 2518 |
| BGB | Bürgerliches Gesetzbuch in der Fassung der Bekanntmachung vom 2.1.2002, BGBl. I S. 42, ber. S. 2909 und BGBl. I 2003, S. 738 |
| BGHZ | Entscheidungen des Bundesgerichtshofes in Zivilsachen (Band und Seite) |
| BT-Drucks | Drucksachen des Deutschen Bundestages [z.B. BT-Drucks 14/6040 vom 14.5.2001: Entwurf eines Gesetzes zur Modernisierung des Schuldrechts] |
| c.i.c. | lat.: culpa in contrahendo (Verschulden bei Vertragsschluss) |
| ders. | Derselbe |
| eG | eingetragene Genossenschaft |
| EGBGB | Einführungsgesetz zum Bürgerlichen Gesetzbuche in der Fassung der Bekanntmachung vom 21.9.1994, BGBl. I S. 2494, ber. BGBl. I 1997 S. 1061 |
| Einf. v. | Einführung vor |
| f. | folgende |
| FamFG | Gesetz über das Verfahren in Familiensachen und in den Angelegenheiten der freiwilligen Gerichtsbarkeit vom 17.12.2008, BGBl. I S. 2586, 2587 |
| ff. | fortfolgende |
| Fn. | Fußnote |
| GB | Grundbuch |
| gem. | gemäß |

| | |
|---|---|
| GenG | Gesetz betreffend die Erwerbs- und Wirtschaftsgenossenschaften (Genossenschaftsgesetz) in der Fassung der Bekanntmachung vom 16.10.2006, BGBl. I S. 2230 |
| ggf. | gegebenenfalls |
| GmbHG | Gesetz betreffend die Gesellschaften mit beschränkter Haftung in der Fassung der Bekanntmachung vom 20.5.1898, RGBl. S. 846 |
| GoA | Geschäftsführung ohne Auftrag |
| GWB | Gesetz gegen Wettbewerbsbeschränkungen in der Fassung der Bekanntmachung vom 26.6.2013, BGBl. I S. 1750, ber. S. 3245 |
| HGB | Handelsgesetzbuch vom 10.5.1897, RGBl. S. 219 |
| h.M. | herrschende Meinung |
| HR | Handelsregister |
| HS | Halbsatz |
| i.d.R. | in der Regel |
| InsO | Insolvenzordnung vom 5.10.1994, BGBl. I S. 2866 |
| i.S.d. | im Sinne des (der) |
| i.V.m. | in Verbindung mit |
| KW | Kalenderwoche |
| lat. | lateinisch |
| lt. | laut |
| MitbestG | Gesetz über die Mitbestimmung der Arbeitnehmer vom 4.5.1976, BGBl. I S. 1153 |
| NachhBG | Nachhaftungsbegrenzungsgesetz vom 18.3.1994, BGBl. I S. 560 |
| NJW | Neue Juristische Wochenschrift |
| NJW-RR | NJW-Rechtsprechungs-Report |
| Nr. | Nummer |
| p.a. | lat.: per anno (im Jahr) |
| PartGG | Gesetz über Partnerschaftsgesellschaften Angehöriger freier Berufe (Partnerschaftsgesellschaftsgesetz) vom 25.7.1994, BGBl. I S. 1744 |

| | |
|---|---|
| PublG | Gesetz über die Rechnungslegung von bestimmten Unternehmen und Konzernen (Publizitätsgesetz) vom 15.8.1969, BGBl. I S. 1189, ber. 1970 I S. 1113 |
| RGBl. | Reichsgesetzblatt |
| RGZ | amtl. Sammlung der Reichsgericht-Rechtsprechung in Zivilsachen (Band und Seite) |
| Rn. | Randnummer |
| r.V.k.V. | rechtsfähiger Verein kraft Verleihung |
| SE | Schadenersatz |
| s.o. | siehe oben |
| sog. | sogenannte(r) |
| StGB | Strafgesetzbuch in der Fassung der Bekanntmachung vom 13.11.1998, BGBl. I S. 3322 |
| TVG | Tarifvertragsgesetz in der Fassung der Bekanntmachung vom 25.8.1969, BGBl. I S. 1323 |
| u.U. | unter Umständen |
| UWG | Gesetz gegen den unlauteren Wettbewerb vom 3.7.2004 in der Fassung der Bekanntmachung vom 3.3.2010, BGBl. I S. 254 |
| VG | Verwertungsgesellschaft („VG Wort") |
| vgl. | vergleiche |
| WE | Willenserklärung(en) |
| z.B. | zum Beispiel |
| ZPO | Zivilprozessordnung in der Fassung der Bekanntmachung vom 5.12.2005, BGBl. I S. 3202, ber. BGBl. I 2006 S. 431 und BGBl. I 2007 S. 1781 |

# Literatur

*Baumbach, Adolf/Hopt, Klaus*, Handelsgesetzbuch, Verlag C. H. Beck, München

*Fiebig, Henry*, Die Außenhaftung des GmbH-Geschäftsführers (I) und (II), Betrieb und Wirtschaft 2000, S. 541 – 552; 677 - 687

*ders.*, Kompendium des Wirtschaftsprivatrechts, Shaker Verlag, Aachen

*ders.*, Übungen im Privatrecht, Band I, Rechtssubjekte und Rechtsobjekte, Shaker Verlag, Aachen

*ders.*, Übungen im Privatrecht, Band II, Schuldrecht, Shaker Verlag, Aachen

*Klunzinger, Eugen*, Einführung in das Bürgerliche Recht, Verlag Franz Vahlen, München

*ders.*, Grundzüge des Gesellschaftsrechts, Verlag Franz Vahlen, München

*ders.*, Grundzüge des Handelsrechts, Verlag Franz Vahlen, München

*ders.*, Übungen im Privatrecht, Verlag Franz Vahlen, München

*Kropholler, Jan*, Studienkommentar BGB, Verlag C. H. Beck, München

*Leenen, Detlef*, BGB Allgemeiner Teil: Rechtsgeschäftslehre, Verlag de Gruyter, Berlin

*ders.*, Willenserklärung und Rechtsgeschäft, JURA 10/2007, S. 721 – 727

*Medicus, Dieter/ Petersen, Jens*, Grundwissen zum Bürgerlichen Recht, Verlag Franz Vahlen, München

*Michalski, Lutz*, Übungen im Bürgerlichen Recht für Anfänger, Carl Heymanns Verlag, Köln

*Müssig, Peter*, Wirtschaftsprivatrecht, C. F. Müller Verlag, Heidelberg

*Römer, Hans*, Privatrecht – Intensivkurs, R. Oldenburg Verlag, München, Wien

*Schulte, Hans*, Grundkurs im BGB, C. F. Müller Verlag, Heidelberg

# Einführung

Handels- und Gesellschaftsrecht sind zwei sonderprivatrechtliche Zweige, die das rechtlich geordnete Handeln von *Unternehmen*[1] zum Gegenstand haben.
Das Handelsrecht fokussiert das Unternehmen in seiner kaufmännischen Variante und das Gesellschaftsrecht aus dem Blickwinkel des Zusammenschlusses von Personen[2].
Im HGB als der zentralen Rechtsquelle des **Handelsrechts** definiert der Gesetzgeber im § 1 HGB jedes Unternehmen, das ein Handelsgewerbe[3] betreibt, in jedem Fall (unabhängig von der Handelsregistereintragung – vgl. § 29 HGB –) als kaufmännisches Unternehmen („Ist-Kaufmann").

---

[1] Der Begriff des Unternehmens ist trotz seiner Wichtigkeit in Wirtschaft und Recht nicht einheitlich kodifiziert. Je nach Willen und Zweck eines Gesetzes und einer Norm ist der Begriff differenziert anzuwenden. So erfasst der Gesetzgeber seit 2000 in *§ 14 BGB* in Umsetzung verschiedener EU-Verbraucherschutzrichtlinien unter dem Begriff des Unternehmers alle gewerblich oder selbständig (frei)beruflich Tätigen. Nach einschlägiger Kommentierung (vgl. *Palandt/Ellenberger*, Bürgerliches Gesetzbuch, 75. Aufl. 2016, § 14 Rn. 2) zählen dazu alle natürlichen und juristischen Personen, die am Markt planmäßig und dauerhaft Leistungen gegen Entgelt anbieten; eine Gewinnerzielungsabsicht ist diesbezüglich generell nicht erforderlich. Der traditionell *im Werkvertragsrecht* verwendete Begriff des Unternehmers (vgl. §§ 631 ff. BGB) bezieht sich hingegen auf jeden Hersteller eines Werkes, unabhängig davon, ob auf ihn die Voraussetzungen des § 14 BGB zutreffen.

Noch komplizierter wird es, wenn dieser BGB-rechtliche Unternehmensbegriff mit der handelsrechtlichen Begriffsauffassung in Bezug gesetzt wird. Im HGB geht es dem Gesetzgeber im Hinblick auf die Zuordnung der Kaufmannseigenschaft an eine unternehmerische Tätigkeit in den *§§ 1 bis 5 HGB* ausschließlich um gewerbliches, nicht aber freiberufliches Handeln (vgl. hierzu aber *Baumbach/Hopt*, HGB, 37. Aufl. 2016, § 1 Rn. 19, 20). Nach dem herkömmlichen handelsrechtlichen Gewerbebegriff ist hierfür die Absicht dauernder Gewinnerzielung erforderlich (vgl. *Baumbach/Hopt*, HGB, 37. Aufl. 2016, § 1 Rn. 12, 15); moderner Betriebswirtschaftslehre Rechnung tragend muss jedoch der Gewinnbegriff (z.B. strategische Verlagerung des Gewinnanfalls zwischen konzernangehörigen Unternehmen) differenzierter betrachtet werden, so dass es nach neuerer Begriffsdefinition für handelsrechtliche Gewerbetätigkeit durchaus ausreichen kann, entgeltliche Tätigkeit an einem Markt auch ohne Gewinnerzielungsabsicht anzubieten (vgl. *K. Schmidt*, Handelsrecht, Köln, 5. Aufl. 1999, § 9 IV 2b, d).

Der Gesetzgeber verwendet im HGB für das kaufmännische Unternehmen in zahlreichen Regelungen (vgl. §§ 22, 24 – 26, 48, 53, 230 HGB) den Begriff „*Handelsgeschäft*"; aber aufgepasst: den Begriff des Handelsgeschäfts verwendet der Gesetzgeber homonym im 4. Buch des HGB (vgl. § 343 HGB) auch für die Geschäfte, die ein kaufmännisches Unternehmen tätigt.

Aus gesellschaftsrechtlicher Perspektive begegnet uns der Begriff des Unternehmens vor allem im *Konzernrecht* (§§ 291 ff. AktG = Recht der verbundenen Unternehmen), im *Wettbewerbsrecht* (§ 2 I Nr. 6 UWG; §§ 1 ff. GWB), im *Mitbestimmungsrecht* (§ 1 MitbestG), im *Bilanzrecht* (vgl. §§ 1 ff. PublG) sowie im modernen *GmbH-Recht* in § 5a GmbHG = Unternehmergesellschaft (haftungsbeschränkt).

[2] Hier sind sowohl natürliche als auch juristische Personen gemeint (vgl. auch später Fn. 27).

[3] Darunter versteht man eine gewerbliche Geschäftstätigkeit, die im Unterschied zu lediglich kleingewerblicher Betätigung nach Art und Umfang eine kaufmännische Einrichtung in Form kaufmännischer Buchführung, Bilanzierung (3. Buch des HGB), Namensgebung (§§ 17 ff. HGB), Vertretung (§§ 48 ff. HGB) usw. erfordert.

Unternehmen, die zwar gewerblich[4] tätig sind, aber nach Art[5] oder Umfang[6] eines in kaufmännischer Weise eingerichteten Geschäftsbetriebes nicht bedürfen (kleingewerbliche Unternehmen)[7], sind gem. § 2 HGB nur dann mit Kaufmannseigenschaft ausgestattet, wenn sie sich freiwillig in das Handelsregister als kaufmännisches Unternehmen eintragen lassen. Diese Option (Kaufmannseigenschaft ja oder nein) durch freiwillige Handelsregistereintragung („Kann-Kaufmann") ordnet der Gesetzgeber im § 3 HGB auch allen land- und forstwirtschaftlichen Unternehmen zu, unabhängig davon, ob sie sich nur kleingewerblich oder handelsgewerblich betätigen[8].

Im § 6 HGB erfasst der Gesetzgeber noch alle Handelsgesellschaften[9] sowie alle Vereine, denen das Gesetz ohne Rücksicht auf den Gegenstand des Unternehmens die Eigenschaft eines Kaufmanns beilegt[10].

§ 1 II HGB geht grundsätzlich[11] davon aus, dass ein gewerbliches Unternehmen in der qualifizierten Form eines Handelsgewerbes und somit als kaufmännisches Unternehmen organisiert ist. Die Betätigung als lediglich kleingewerbliches Unternehmen erfasst die gesetzliche Regelung als Ausnahme („...es sei denn, daß das Unternehmen...") von diesem Grundsatz.

---

[4] Gewerbemerkmale: (1) nach außen gerichtete, (2) planmäßige, auf Dauer angelegte, (3) selbständige, (4) auf Gewinnerzielung ausgerichtete oder jedenfalls wirtschaftliche Tätigkeit am Markt (5) unter Ausschluss freiberuflicher Tätigkeit (vgl. *Baumbach/Hopt*, HGB, 37. Aufl. 2016, § 1 Rn. 12).

[5] Art der Geschäftstätigkeit: Vielfalt der Erzeugnisse und Leistungen sowie der Geschäftsbeziehungen, Inanspruchnahme und Gewährung von Krediten, aktive oder passive Teilnahme am Frachtverkehr, kleinere oder größere Lagerhaltung, lokal oder weiträumigere (internationale) Tätigkeit, Budget für Werbung, …

[6] Umfang der Geschäftstätigkeit: Umsatzvolumen, Anlage- und Umlaufvermögen, Zahl und Organisation der Betriebsstätten, überregionale Tätigkeit (Auslandsfilialen), Zahl und Funktion der Beschäftigten (Bilanzbuchhalter), Schichtbetrieb, …

[7] Bei der Prüfung der klein- oder handelsgewerblichen Betätigung eines Unternehmens aus der Sicht der Art und des Umfangs der Geschäftstätigkeit geht es nicht um die Gewichtung bestimmter Einzelkriterien, sondern um das *Gesamtbild* dieser Einzelkriterien, das dem Unternehmen sein unverwechselbares Gepräge verleiht. So wird bei der Heranziehung des Kriteriums Umsatz die Festlegung absoluter Größen nach h.M. abgelehnt (Beispiele: Handelsgewerbe: Damenoberbekleidungsgeschäft mit Umsatz von 230.000 DM, Anlagevermögen, 6000 DM und Warebestand von 102.000 DM, vgl. OLG Koblenz, Betriebs-Berater 1988, S. 2408; kein Handelsgewerbe: Bundeswehr-Kantine mit 500.000 DM Jahresumsatz, vgl. OLG Celle, Betriebs-Berater 1963, S. 324).

[8] Diese Regelung ist historisch zu interpretieren, wonach der Gesetzgeber das Ziel verfolgte, die Land- und Forstwirtschaft vor den Anforderungen des Kaufmannsrechts zu bewahren, was jedoch dazu führte, dass sich dieser Zweig der Volkswirtschaft (zu) spät auf moderne Geschäftsanforderungen eingestellt hat (vgl. *Baumbach/Hopt*, HGB, 37. Aufl. 2016, § 3 Rn. 1).

[9] Dazu zählen, unabhängig vom Gegenstand des Unternehmens (gewerblich oder freiberuflich), jede GmbH (vgl. §§ 1, 13 III GmbHG) und jede AG (vgl. § 3 I AktG).

[10] Eine derartige gesetzliche Zuordnung von Kaufmannseigenschaft erfolgt gem. § 17 II GenG für den „Verein", d.h. für die juristische Person, in Form einer Erwerbs- und Wirtschaftsgenossenschaft.

[11] Im juristischen Sprachgebrauch bedeutet „grundsätzlich" nicht „immer", sondern „in der Regel, wenn nichts anderes (ausnahmsweise) gesagt ist".

Diese gesetzgeberische Diktion weist uns den Weg in der methodischen Herangehensweise betreffs der Frage, inwiefern ein im Sachverhalt geschildertes gewerbliches Unternehmen Kaufmannseigenschaft hat oder nicht. Wenn Sie im Sachverhalt zunächst einmal erkennen, dass es sich nicht um ein freiberufliches[12], sondern um ein gewerbliches[13] Unternehmen handelt, ist als nächstes der Frage nachzugehen, ob die gewerbliche Betätigung in der Form eines Handelsgewerbes oder lediglich in kleingewerblicher Art und Weise erfolgt. Solange der Rechtsfall nicht klar und eindeutig die (Ausnahme-)Variante des kleingewerblichen Unternehmens schildert, bleibt es bei der (Grundsatz-)Variante handelsgewerblicher Tätigkeit.

In der Rechtspraxis ist diese Herangehensweise i.S.d. § 1 II HGB insofern von Bedeutung, dass das Registergericht[14] ein gewerbliches Unternehmen zunächst einmal grundsätzlich als handelsgewerbliche Unternehmung erfasst und insofern die Eintragung der damit verbundenen Kaufmannseigenschaft in das Handelsregister gem. § 29 HGB anordnen kann. Dieser verfahrensrechtlichen Anordnung des Registergerichts kann sich ein gewerbliches Unternehmen nur dann erfolgreich widersetzen, wenn es den schlüssigen Nachweis erbringt, dass es lediglich kleingewerblich agiert[15].

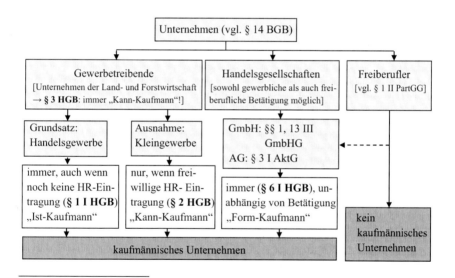

---

[12] Freiberufliche Tätigkeit hat im Allgemeinen die persönliche, eigenverantwortliche und fachlich unabhängige Erbringung von Dienstleistungen höherer Art im Interesse der Auftraggeber und der Allgemeinheit zum Inhalt und erfordert entweder eine besondere berufliche Qualifikation (Ärzte, Rechtsanwälte, Steuerberater, ...) oder schöpferische Begabung (Künstler, Schriftsteller, ...). Vgl. § 1 II PartGG.

[13] Vgl. zu den Kriterien gewerblicher Tätigkeit Fn. 4.

[14] In Handelsregistersachen fungieren die Amtsgerichte gem. §§ 374 ff. FamFG als Registergerichte. Örtlich zuständig ist jeweils das Amtsgericht, in dessen Bezirk ein Landgericht seinen Sitz hat, für den Bezirk dieses Landgerichts (vgl. § 376 I FamFG).

[15] Zur Prüfung der klein- oder handelsgewerblichen Betätigung eines Unternehmens vgl. Fn. 7.

Nachdem Sie sich zunächst einmal in Kurzform einen Überblick über die gesetzgeberische Zuordnung der Kaufmannseigenschaft verschafft haben, geht es nunmehr um die Frage, in welcher Art und Weise sich der Gesetzgeber mit dem kaufmännischen Unternehmen beschäftigt und warum er dies überhaupt tut[16].

Ebenso wie das BGB ist auch das HGB in fünf Bücher unterteilt. In den ersten drei Büchern des HGB erfasst die rechtliche Regelung das kaufmännische Unternehmen „an sich" – wie es entsteht und wieder vergeht, firmiert, Transparenz bietet, haftet, Buch führen muss usw. –. Im 4. Buch des HGB geht es dann um die geschäftliche (schuldrechtliche) Betätigung eines kaufmännischen Unternehmens, die der Gesetzgeber unter dem Begriff „Handelsgeschäfte"[17] erfasst. Das 5. Buch des HGB widmet sich abschließend dem Seehandel.

Von besonderer methodischer Relevanz ist das 4. Buch des HGB. Es steht in unmittelbarer Verbindung zum Schuldrecht des BGB, also zu den ersten beiden Büchern des BGB. Insofern werden Sie ein schuldrechtliches Problem eines kaufmännischen Unternehmens in aller Regel nicht allein aus dem HGB zur sachgerechten Lösung führen können. Vielmehr beginnen derartige Lösungsansätze in den meisten Fällen im BGB.

So findet beispielsweise die Frage, ob ein kaufmännisches Unternehmen das Recht hat, von jemandem die *Herausgabe einer Sache* verlangen zu können, grundsätzlich ihren Lösungsansatz in den im BGB dazu fixierten, Ihnen bereits hinlänglich bekannten allgemeinen Anspruchsgrundlagen: - aus sachenrechtlicher Perspektive: §§ 985, 986 BGB und
- aus schuldrechtlicher Perspektive: § 812 I S. 1 BGB.

Aus handelsrechtlicher Sicht könnte es jedoch sein, dass derjenige, der zur Herausgabe verpflichtet werden soll, die Herausgabe verweigern kann, weil ihm als kaufmännisches Unternehmen gegenüber dem ebenfalls kaufmännischen Anspruchsteller gem. § 369 HGB, also mit rechtlichem Grund[18], ein *Zurückbehaltungsrecht*[19] und somit berechtigter Besitz[20] an der herausgeforderten Sache zusteht.

---

[16] Der Grund für die Tatsache, dass der Gesetzgeber überhaupt sonderprivatrechtliche Regelungen für den kaufmännischen Geschäfts- und Warenverkehr kreiert hat, ergibt sich aus den besonderen Bedürfnissen der Unternehmen nach gesteigertem Vertrauensschutz, Verlässlichkeit, Transparenz, Schnelligkeit usw., wofür die allgemeinen, für jedermann geltenden Regelungen des bürgerlichen Rechts im BGB einfach nicht ausreichen würden. Insofern sind die oftmals strengen rechtlichen Regelungen des HGB kein „Teufelszeug", vor denen man sich möglichst, z.B. im Hinblick auf die Kaufmannsoption eines Kleingewerbetreibenden gem. § 2 HGB, fernhalten sollte. Vielmehr dienen Sie der Umsetzung ureigener Interessen eines kaufmännischen Unternehmens und ermöglichen so einen fairen Wettbewerb der Unternehmen in unserem marktwirtschaftlich organisierten Gemeinwesen.

[17] Zur homonymen Verwendung des Begriffs „Handelsgeschäft" vgl. Fn. 1.

[18] Dieser rechtliche Grund hindert das Herausgabeverlangen auf der Grundlage des § 812 I S. 1 BGB.

[19] Diese handelsrechtliche Regelung erweitert die im BGB kodifizierten Zurückbehaltungsmöglichkeiten (insbes. gem. §§ 273, 320, 647 BGB) dahingehend, dass deren erfolgreiche Geltendmachung nicht von der Konnexität der sich gegenüberstehenden Ansprüche (Anspruch und Gegenanspruch müssen auf „demselben rechtlichen Verhältnis" beruhen) abhängt.

[20] Dieser berechtigte Besitz hindert das Herausgabeverlangen auf der Grundlage des § 985 BGB wegen der (von Amts wegen zu berücksichtigenden) Einwendung gem. § 986 BGB.

Auch die im HGB geregelte *rechtsgeschäftliche Vertretung* auf der Grundlage einer Prokura (§§ 48 – 53 HGB) bzw. Handlungsvollmacht (§§ 54 – 58 HGB) ist nicht „selbsterklärend". Diese handelsrechtlichen Regelungen gründen sich auf den grundsätzlichen rechtlichen Regelungsmechanismus der §§ 164 ff. BGB und beschäftigen sich ausschließlich mit der Vertretungsmacht als Dreh- und Angelpunkt der Wirksamkeit eines in Vertretung (eigene Willenserklärung des Stellvertreters + Offenkundigkeit der Stellvertretung) zustande gekommenen Vertrages. Demzufolge bilden auch hier diese BGB-rechtlichen Regelungen, insbesondere § 164 I BGB, den Ausgangspunkt einer gutachterlichen Bewertung handelsrechtlicher Stellvertretung.

Genauso verhält es sich mit der Regelung des § 377 HGB (kaufmännische Untersuchungs- und Rügeobliegenheit). Auch hier fußt diese handelsrechtliche Regelung, wonach kaufmännische Unternehmen untereinander ihre gelieferten Waren unverzüglich[21] auf Sachmängel zu untersuchen haben und gesichtete Mängel sogleich dem Lieferanten zur Anzeige bringen müssen, auf dem allgemeinen BGB-Recht zur *kaufrechtlichen Gewährleistung* (§§ 434 ff. BGB). Das bedeutet, dass im Zusammenhang mit der Frage, welche Rechte ein kaufmännischer Warenbesteller im Zusammenhang mit einer mangelbehafteten Lieferung gegenüber dem kaufmännischen Lieferanten geltend machen kann, der § 437 BGB als Ausgangspunkt des Rechtsgutachtens fungiert. Der § 377 HGB setzt erst dann in die gutachterliche Aufbereitung des Gewährleistungsproblems ein, nachdem zunächst einmal ein Gewährleistungsanspruch gem. § 437 Nr. 1 bzw. 3 oder ein Gewährleistungsrecht gem. § 437 Nr. 2 BGB grundsätzlich erfolgreich hergeleitet werden kann[22]. Insofern führt § 377 HGB bei Nichtbeachtung der kaufmännischen Untersuchungs- und Rügeobliegenheit zum Untergang des Gewährleistungsanspruchs bzw. -rechts.

Der § 377 HGB ist aber, ebenso wie der oben erörterte § 369 HGB, noch aus einer anderen Sichtweise heraus von grundlegender Bedeutung für das richtige Verständnis des Handelsrechts. Allein aus diesen Regelungen könnte man nämlich den Schluss ziehen, dass das Handelsrecht nur die (rechts-)geschäftlichen Beziehungen der kaufmännischen Unternehmen untereinander erfasst. Diese Schlussfolgerung ist aber grundlegend falsch! § 345 HGB ordnet klar und eindeutig an, dass die rechtlichen Regelungen im 4. Buch des HGB grundsätzlich auch auf sogenannte *einseitige Handelsgeschäfte*, an denen nur auf einer Seite ein kaufmännisches Unternehmen agiert, für beide Teile – also sowohl für den kaufmännischen Akteur als auch für dessen nichtkaufmännischen Geschäftspartner – gleichermaßen zur Anwendung gelangen. Das bedeutet, dass ein Nichtkaufmann, der mit einem kaufmännischen Unternehmen eine geschäftliche Beziehung, insbesondere auf der Grundlage eines Vertrages, eingeht, im Regelfall auch von den handelsgeschäftlichen Regelungen des 4. Buches des HGB getroffen wird.[23] Nur wenn die betreffende handelsrechtliche Regelung (ausnahmsweise) „...ein anderes..." gebietet, nämlich ein *beidseitiges Handelsgeschäft*, bei dem auf beiden Seiten der geschäftlichen Beziehung ein kaufmännisches Unternehmen steht, gilt dieser Grundsatz nicht.

---

[21] Legaldefinition: unverzüglich = ohne schuldhaftes Zögern (vgl. § 121 I BGB).

[22] Grundvoraussetzungen: 1. wirksamer Kaufvertrag, 2. Sachmangel i.S.d. § 434 BGB bei Gefahrübergang (vgl. § 446 BGB: *Preisgefahr!*), 3. kein Gewährleistungsausschluss i.S.d. §§ 442, 444 BGB.

[23] Das gilt z.B. für die Vergütungsregelung in § 354 HGB, die den Grundsatz der Entgeltlichkeit kaufmännischen Handelns repräsentiert.

XVIII

Das wiederum verdeutlicht noch einmal, wie wichtig es ist, die Handlungsakteure einer (rechts-)geschäftlichen Beziehung aus der Sicht ihrer Kaufmannseigenschaft im Rechtsgutachten richtig (mit entsprechender rechtlicher Begründung) zu bewerten.

Beachten Sie dabei auch die Besonderheiten, die der Gesetzgeber betreffs des geschäftlichen Handelns der *Kommissionäre, Frachtführer, Spediteure und Lagerhalter* getroffen hat. Für diese gewerblichen unternehmerischen Tätigkeiten gelten immer, egal ob sie kaufmännisch oder nicht kaufmännisch (lediglich kleingewerblich ohne Handelsregistereintragung gem. § 2 HGB) organisiert sind, die speziellen handelsrechtlichen Regelungen zum jeweiligen Handelsgeschäft[24] und darüber hinaus auch die Vorschriften im Ersten Abschnitt des 4. Buches des HGB, mit Ausnahme der §§ 348 – 350 HGB[25]. Insofern muss beispielsweise im Rahmen eines Kommissionsgeschäftes die besondere handelsrechtliche Regelung zum *gutgläubigen Erwerb von beweglichen Sachen* in § 366 I HGB[26] im Ersten Abschnitt des 4. Buches des HGB entgegen ihres Wortlautes „Veräußert ... ein Kaufmann ..." im Rechtsgutachten positiv bewertet werden, auch wenn der veräußernde Kommissionär nur kleingewerblich ohne Handelsregistereintragung gem. § 2 HGB, also nicht als Kaufmann, handelt.

Oftmals geht es in einer unternehmensrechtlichen Auseinandersetzung auch um die Frage, inwiefern sich ein Personenzusammenschluss in der Variante eines kaufmännischen Unternehmens darstellt und insofern das Handelsrecht in die Lösung des privatrechtlichen Problems mit eingreift. Dazu müssen Sie zunächst aus der Sachverhaltsschilderung herausarbeiten, in welcher konkreten Rechtsform sich die Personen[27] zusammengeschlossen haben.

---

[24] • Kommissionsgeschäft: §§ 383 – 406 HGB (§ 383 II S. 1 HGB)

• Frachtgeschäft: §§ 407 – 452d HGB (§ 407 III S. 1 Nr. 2 HGB)

• Speditionsgeschäft: §§ 453 – 466 HGB (§ 453 III S. 1 HGB)

• Lagergeschäft: §§ 467 – 475h HGB (§ 467 III S. 1 HGB)

[Ergänzung: Auch betreffs des gewerblichen Handelns eines *Handelsvertreters* und eines *Handelsmaklers* verweist der Gesetzgeber in § 84 IV HGB bzw. § 93 III HGB unabhängig davon, ob deren Unternehmen kaufmännisch oder nicht kaufmännisch (lediglich kleingewerblich ohne Handelsregistereintragung gem. § 2 HGB) organisiert sind, auf die entsprechenden handelsrechtlichen Regelungen in den §§ 84 – 92c HGB bzw. §§ 93 – 104 HGB.]

[25] • Kommissionsgeschäft: § 383 II S. 2 HGB

• Frachtgeschäft: § 407 III S. 2 HGB

• Speditionsgeschäft: § 453 III S. 2 HGB

• Lagergeschäft: § 467 III S. 2 HGB

[26] § 366 I HGB erweitert den Gutglaubensschutz, den der Gesetzgeber gem. §§ 932 ff. BGB dem Erwerber einer beweglichen Sache hinsichtlich seines guten Glaubens an die *Eigentümerschaft* des Veräußerers bietet, dahingehend, dass beim Erwerb des Eigentums von einem (kaufmännischen) Unternehmen dem Erwerber zusätzlich auch Schutz hinsichtlich seines guten Glaubens an die *Verfügungsbefugnis* des Veräußerers (Befugnis i.S.d. § 185 I BGB, über fremdes Eigentum verfügen zu dürfen), gewährt wird.

[27] Spricht man in diesem Zusammenhang von Personen, die sich zu einem gesellschaftsrechtlichen Gefüge zusammenschließen, um einen gemeinsamen Zweck quasi „unter einem Dach" zu realisieren, dann meint man sowohl natürliche als auch juristische Personen.

Das heißt, Sie müssen Ihre bislang erworbenen rechtsmethodischen Kenntnisse und Fähigkeiten gleichsam um das Rechtsgebiet des **Gesellschaftsrechts** erweitern und insbesondere in der Verbindung zum Handelsrecht gezielt zum Einsatz bringen.

Hierbei ist von dem grundlegenden Prinzip des Gesellschaftsrechts, dem „*numerus clausus*"[28], auszugehen. Das bedeutet, dass die Personen, die sich privatrechtlich mittels Vertrag zusammenschließen wollen, um einen gemeinsamen Zweck zu verfolgen, bei der Ausgestaltung des Vertrages in ihrem Gestaltungsspielraum durch gesetzgeberische Vorgaben eingeschränkt sind. Es besteht ein sogenannter *Typenzwang*, wonach der Gesetzgeber abschließend die Möglichkeiten des Personenzusammenschlusses in Form verschiedener Gesellschaftstypen vorgibt und somit den rechtlichen Handlungsrahmen der Partner eines Gesellschaftsvertrages klar bestimmt. Dies tut der Gesetzgeber vornehmlich aus Gründen des *Gläubigerschutzes*[29], denn das Ergebnis der Willensübereinkunft der beteiligten Personen des Gesellschaftsvertrages, also die rechtliche Konstruktion des Personenzusammenschlusses, wirkt ja eben nicht nur im „Innenleben" der geschaffenen Gesellschaft hinsichtlich der Rechte und Pflichten der Gesellschafter untereinander[30], sondern vor allem nach außen gegenüber den Geschäftspartnern der Gesellschaft[31]. Diese müssen sich auf der Grundlage eindeutig zwingender rechtlicher Regelungen auf bestimmte „Standards"[32] verlassen können, von denen ausgehend sie ihre vertragliche Bindung mit einer Gesellschaft dann rechtssicher gestalten.

---

[28] Begriff „*numerus clausus*" (lat.) = begrenzte Zahl.

[29] Dieses Grundanliegen nach besonderem Vertrauensschutz, das der Gesetzgeber im Gesellschaftsrecht verfolgt, macht die enge Verknüpfung dieses Rechtszweiges zum Handelsrecht besonders deutlich (vgl. Fn. 16).

[30] Gesellschaftsvertragliche Bestimmungen zum „Innenleben" der Gesellschafter zueinander betreffen vor allem Festlegungen zu den Befugnissen der einzelnen Gesellschafter in der Organisationsstruktur des Unternehmens (Geschäftsführungsbefugnis), zur Beschlussfassung, zur Einhaltung von Wettbewerbsverboten und zur Verteilung von Gewinn und Verlust. Diesbezüglich sind die Vertragspartner weitgehend frei in der Gestaltung des Gesellschaftsvertrages (vgl. z.B. § 109 HGB); die hierzu in den speziellen gesellschaftsrechtlichen Regelungen dargebotenen Vorgaben fungieren insofern nur als eine Art „Muster", von dem die Gesellschafter beliebig abweichen können (dispositiver Charakter der Regelungen).

[31] Im Gegensatz zur Vertragsgestaltungsfreiheit betreffs des Innenlebens der Gesellschafter zueinander (vgl. Fn. 30) sind die Rechtsverhältnisse der Gesellschafter zu Dritten, z.B. betreffs der gesetzlichen Vertretung (vgl. z.B. §§ 123 – 130a HGB), die Auflösung der Gesellschaft und das Ausscheiden von Gesellschaftern (vgl. z.B. §§ 131 – 144 HGB) sowie die Liquidation der Gesellschaft (vgl. z.B. §§ 145 – 158 HGB), insbesondere im Hinblick auf die Haftung gegenüber den Gläubigern der Gesellschaft (vgl. z.B. §§ 159 – 160 HGB), zum Schutze der außenstehenden Gläubiger in den speziellen gesellschaftsrechtlichen Regelungen strikt vorgegeben (zwingender Charakter der Regelungen). Insofern müssen Sie entsprechende Angaben in einem zu untersuchenden Rechtsfall zu gesellschaftsvertraglichen Festlegungen zu derartigen „Außenwirkungen" immer auf ihre Wirksamkeit aus der Sicht des Eingreifen zwingenden Rechts prüfen und gutachterlich bewerten.

[32] Ein solcher verlässlicher „Standard" ist beispielsweise der, dass man sich als Gläubiger darauf verlassen kann, dass eine Gesellschaft so, wie sie sich nach außen gegenüber einem Vertragspartner präsentiert, in jedem Fall auch später haftet, egal was im Gesellschaftsbestand, also im „Innenleben" der Gesellschaft, passiert (vgl. z.B. § 160 HGB betreffs des Nachhaftung eines aus einer OHG ausgeschiedenen Gesellschafters).

XX

Wenn Sie also in einem Rechtsfall einen Personenzusammenschluss erkennen, der als solcher an einer rechtsgeschäftlichen Beziehung beteiligt ist, müssen Sie im Rahmen des Typenzwangs die konkrete Gesellschaftsform herausarbeiten. Dabei sind zwei prinzipiell unterschiedliche Wesensarten von Gesellschaften zu unterscheiden, nämlich *Personengesellschaften* und *juristische Personen*. Zum einen geht es um die rechtliche Konstruktion eines Zusammenschlusses, bei dem sich die einzelnen Personen als Haftungsträger eines gesamthänderischen Vermögensverbundes den außenstehenden Gläubigern präsentieren. Zum anderen bietet die Rechtsordnung die Möglichkeit, dass sich nach außen nicht die einzelnen Gesellschafter sondern nur der Verband als solcher körperlich[33] in Form einer juristischen Person offenbart.

Beide Gesellschafts-Varianten sind bereits im BGB verankert, da diese auch außerhalb des unternehmerischen Rechtsverkehrs von Bedeutung sind.

So regelt der Gesetzgeber in den *§§ 705 ff. BGB* ganz allgemein die Möglichkeit des Personenzusammenschlusses zur Erreichung eines gemeinsamen Zwecks auf der Grundlage eines gemeinschaftlichen Vermögens[34], über das die Gesellschafter entsprechend der Zweckrealisierung nur gemeinschaftlich („mit gesamter Hand") verfügen können (*gesamthänderische Bindung des Gesellschaftsvermögens*[35]). In welchem Maße die einzelnen Gesellschafter einer solchen GbR für die durch die Gesellschaft begründeten vertraglichen Verbindlichkeiten mit ihrem Vermögen persönlich einzustehen haben, lässt sich aus der allgemeinen schuldrechtlichen Regelung des § 427 BGB herleiten. Danach haftet jeder einzelne Gesellschafter der GbR i.S.d. § 421 BGB (*gesamtschuldnerische Haftung*[36]).[37]

---

[33] Man spricht in diesem Sinne auch von Körperschaften (Körperschaftsrecht).

[34] Zur Bildung des Gesellschaftsvermögens vgl. § 718 BGB.

[35] Zur gesamthänderischen Bindung des Gesellschaftsvermögens vgl. § 719 BGB. Dieses Grundprinzip des Personengesellschaftsrechts, dass sich von der gemeinsamen Zweckrealisierung (vgl. § 705 BGB) ableitet, wird bis zur Auflösung der Gesellschaft aufrechterhalten. Das bedeutet, dass ein Gesellschafter über seinen Anteil am Gesellschaftsvermögen selbst dann nicht verfügen kann, wenn er aus der Gesellschaft ausscheidet; vielmehr wächst dessen Gesellschaftsanteil den verbleibenden Gesellschaftern zwecks Aufrechterhaltung der gemeinsamen Zweckrealisierung an – Anwachsung – (vgl. § 738 BGB; im Unterschied dazu: § 747 S. 1 BGB bei einer Bruchteilsgemeinschaft gem. §§ 741 ff. BGB, bei der es nicht um die Realisierung eines gemeinsamen Zwecks geht und insofern eine gesamthänderische Bindung des Vermögens nicht erforderlich ist).

[36] Das heißt, dass ein Gläubiger der GbR sich mit seiner Forderung (in vollem Umfang) nach Belieben an jeden Gesellschafter direkt wenden kann, wenn die Forderungsbegleichung von der GbR nicht aus ihrem Gesellschaftsvermögen erfolgt.

[37] Betreffs der OHG regelt § 128 HGB das Prinzip der gesamtschuldnerischen Haftung (noch einmal) ausdrücklich, was eigentlich gar nicht erforderlich wäre, da man ja über § 105 III HGB in das GbR-Recht und damit auch zu den §§ 427, 421 BGB gelangen würde. Diese Regelung soll angesichts der ausdrücklichen Zuordnung rechtlicher Selbständigkeit in § 124 I HGB (im Unterschied zur GbR, deren rechtliche Selbständigkeit sich nicht aus einer ausdrücklichen Regelung herleitet, sondern in der modernen rechtswissenschaftlichen Lehre und Rechtsprechung – vgl. hierzu BGH, Urteil vom 29.1.2001; BGHZ 146, 341 – entwickelt wurde) nur abschließend Klarheit schaffen betreffs der Einordnung der OHG in das Personengesellschaftsrecht (keine juristische Person).

Außerdem ist in den *§§ 21 ff. BGB* das Grundmodel einer juristischen Person in Form des Vereins zur Verfolgung ideeller Zwecke[38] geregelt. Hier hat der Gesetzgeber besonders kreativ „gewerkelt", indem er eine „Kunstfigur" geschaffen hat, die in vermögens- und verfahrensrechtlicher Hinsicht der natürlichen Person weitgehend gleichgestellt ist.[39] Als Rechtssubjekt präsentiert sich hier nach außen also einzig und allein die juristische Person (der Verband), die einzelnen Mitglieder des Verbandes werden hingegen nicht von den Rechten und Pflichten der juristischen Person getroffen (*Trennungsprinzip[40]*). Demzufolge haftet nach außen immer nur das (gesamte) Vermögen der juristischen Person für deren Verbindlichkeiten und nicht das Vermögen der einzelnen Gesellschafter einer juristischen Person.[41]

---

[38] Für den Verein mit wirtschaftlicher Zweckausrichtung regelt der Gesetzgeber in § 22 BGB die Zuordnung von Rechtsfähigkeit im Status einer juristischen Person durch staatliche Verleihung (Beispiel: VG Wort r.V.k.V.), also nicht wie für den Idealverein in § 21 BGB geregelt durch Eintragung in das Vereinsregister. Diese Möglichkeit eröffnet der Gesetzgeber aber nur „*...in Ermangelung besonderer bundesgesetzlicher Vorschriften ...*". Unter einem solchen Mangel an bundesgesetzlichen Vorschriften leidet unsere Rechtsordnung jedoch nicht. Ganz im Gegenteil: wirtschaftliche Vereinstätigkeit im Rechtsstatus einer juristischen Person wird in Deutschland traditionell (bereits seit dem Beginn des vorigen Jahrhunderts) insbesondere durch das GmbHG und das AktG unter Berücksichtigung der besonderen Bedürfnisse der Unternehmen im wirtschaftlichen Rechtsverkehr (Vertrauensschutz, Verlässlichkeit, Transparenz usw.) bewusst streng geregelt (z.B. gem. §§ 5, 30, 58 GmbHG sowie §§ 7, 57, 225 AktG betreffs der Mindestkapitalausstattung – GmbH: 25.000 €; AG: 50.000 € – sowie bezüglich der Umsetzung des kapitalgesellschaftsrechtlichen Grundprinzips der vollständigen Kapitaleinbringung der Gesellschafter und des Kapitalerhalts der Gesellschaft). Ebenso wie im Recht des Idealvereins in § 21 BGB geregelt, erlangen auch diese wirtschaftlichen Vereine, also die GmbH, die AG und auch die Erwerbs- und Wirtschaftsgenossenschaft, den besonderen Rechtsstatus einer juristischen Person (erst) durch Eintragung in ein entsprechendes Register – Handels- bzw. Genossenschaftsregister – (vgl. § 11 I GmbHG, § 41 I S. 1 AktG, § 13 GenG), d.h., die Registereintragung hat insofern konstitutive (nicht nur deklaratorische) Rechtswirkung.

[39] Vgl. hierzu *Palandt/Ellenberger*, Bürgerliches Gesetzbuch, 75. Aufl. 2016, Einf. v. § 21 Rn. 9.

[40] Diese, die juristische Person prägende, klare rechtliche Differenzierung zwischen der Sphäre des Verbandes und der Sphäre der Gesellschafter ermöglicht, dass eine GmbH (vgl. § 1 GmbHG) bzw. eine AG (vgl. § 2 AktG) auch von nur einer einzigen Person gegründet werden kann. Insofern ist es auch einem Einzelunternehmer, also einer natürlichen Person, möglich, betreffs der Haftung für seine unternehmerischen Verbindlichkeiten sein privates Vermögen „außen vor" zu lassen, wenn er sich dazu entscheidet, sein Unternehmen nach den strengen Regelungen des Kapitalgesellschaftsrechts (vgl. Fn. 38) in der Rechtsform einer GmbH bzw. AG zu gründen. Es haftet eben nur die juristische Person (der Verband) und nicht die natürliche Person (der Gesellschafter).

[41] Diese allumfassende Haftung mit dem gesamten Vermögen betrifft beispielsweise auch die GmbH (vgl. § 13 II GmbHG). Insofern erfasst die in der Firmenbezeichnung formulierte „beschränkte Haftung" nicht die Haftung der Gesellschaft nach außen, sondern lediglich den Tatbestand, dass die Gesellschafter nur beschränkt zur Haftung herangezogen werden können, aber eben nicht von außenstehenden Gläubigern der GmbH, sondern einzig und allein von der GmbH selbst in ihrer Eigenschaft als juristische Person hinsichtlich der vollständigen Einbringung ihrer im Gesellschaftsvertrag (Satzung) festgeschriebenen Stammeinlage (vgl. §§ 19 ff. GmbHG). Insofern müsste die Firmenbezeichnung eigentlich „Gesellschaft mit beschränkter Gesellschafterhaftung" lauten.

XXII

Von diesen beiden „Prototypen" des Gesellschaftsrechts leiten sich entsprechende Sonderformen ab, die im Wirtschaftsleben von besonderer Bedeutung sind.

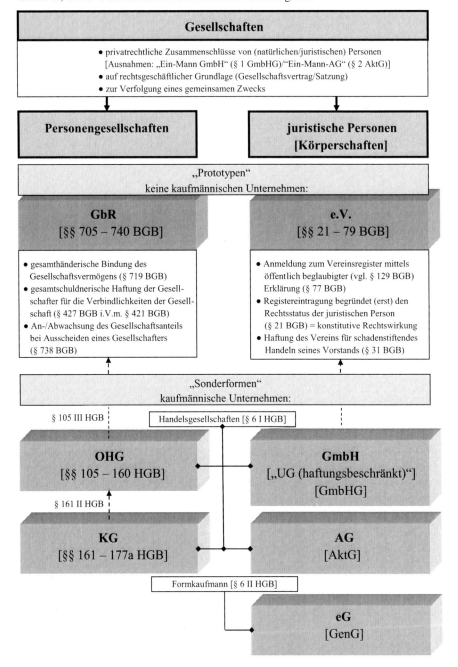

Wenn Sie ausgehend von diesem Schema der Frage nach der im Sachverhalt geschilderten Gesellschaftsform nachgehen, müssen Sie sich nach dem Ausschlussprinzip von der „qualifiziertesten" zur „allgemeinsten" Rechtsform, d.h. von den juristischen Personen (eG, AG, GmbH) ausgehend über die Partnerschaft, die KG und OHG bis zur GbR quasi „von hinten nach vorn" durcharbeiten. Die (allgemeinste) Rechtsform der GbR[42] kommt also immer nur in Betracht, wenn keine andere (speziellere) Gesellschaftsform nach der Sachverhaltsschilderung greift. Dieses methodische Herangehen dürfen Sie niemals außer Acht lassen! Vor allem, wenn der Sachverhalt ein Unternehmen mit dem Zusatz „GbR" darstellt, müssen Sie in jedem Fall prüfen, ob diese Gesellschaftsform der dargestellten Unternehmenstätigkeit überhaupt zusteht. Nicht die Gesellschafter bestimmen die Möglichkeiten der zum Einsatz kommenden Gesellschaftsformen in Abhängigkeit vom Gegenstand der gemeinsamen Zweckverfolgung, sondern einzig und allein der Gesetzgeber. Lassen Sie sich diesbezüglich auch nicht vom Wortlaut der rechtlichen Regelung in § 705 BGB, wonach die Rechtsform der GbR scheinbar jedem beliebigen Zweck zur Verfügung steht, in die Irre leiten. Wenn Sie nämlich diese rechtliche Regelung mit der in § 105 I HGB in Verbindung bringen, dann erkennen Sie, dass die GbR nur für ein kleingewerbliches Unternehmen ohne Kaufmannseigenschaft in Frage kommt. Ist hingegen die „...*Gesellschaft* (bürgerlichen Rechts) ...*auf den Betrieb eines Handelsgewerbes...gerichtet...*", so ordnet der Gesetzgeber (zwingend) an, dass eine solche Gesellschaft keine (nichtkaufmännische) GbR, sondern in jedem Fall[43] eine (kaufmännische) OHG ist.

Hier schließt sich wieder der Kreis zum Handelsrecht bezüglich der Gesetzesvorgaben zur Zuordnung von Kaufmannseigenschaft. Die Regelung in § 1 HGB, wonach handelsgewerbliche Betätigung immer („automatisch") zu einer kaufmännischen Unternehmung führt, gilt eben nicht nur für den Einzelunternehmer, sondern gem. § 105 I HGB auch für Personengesellschaften (OHG, KG[44]). Genauso verhält es sich mit der Regelung in § 2 HGB. Auch mit lediglich kleingewerblicher Betätigung kann man einem Unternehmen optional Kaufmannseigenschaft zuordnen, wenn man es (freiwillig) in das Handelsregister eintragen lässt, was gleichfalls in § 105 II HGB[45] zum Ausdruck gebracht wird.

---

[42] Die gesetzgeberische Wesensbestimmung der GbR in § 705 BGB ist absolut identisch mit dem Gegenstand des Gesellschaftsrechts (• privatrechtlicher Personenzusammenschluss • auf rechtsgeschäftlicher Grundlage • zur Verfolgung eines gemeinsamen Zwecks), d.h., dass in die rechtliche Regelung des § 705 BGB alle Personenzusammenschlüsse, also alle Gesellschaftsvarianten, „passen" würden.

[43] Gem. § 123 II HGB entsteht die Rechtsform der OHG, entgegen der grundsätzlichen Regelung in § 123 I HGB (konstitutive Rechtswirkung der Handelsregistereintragung), bereits vor der gem. § 106 HGB erforderlichen Eintragung ins Handelsregister mit dem Beginn der handelsgewerblichen *(„...soweit nicht aus § 2 oder § 105 II sich ein anderes ergibt."* = d.h., wenn nicht lediglich kleingewerbliche Betätigung) Geschäftstätigkeit (deklaratorische Rechtswirkung der Handelsregistereintragung).

[44] In § 161 II HGB verweist der Gesetzgeber im KG-Gesellschaftsrecht auf die grundlegenden Regelungen – insbes. betreffs der Zuordnung von Kaufmannseigenschaft – des OHG-Gesellschaftsrechts (§§ 105 ff. HGB).

[45] Hier greift § 123 I HGB (konstitutive Rechtswirkung der Handelsregistereintragung), da sich „...*aus § 2 oder § 105 II ... ein anderes ergibt."* – nämlich lediglich kleingewerbliche Betätigung – und demnach § 123 II HGB (lediglich deklaratorische Rechtswirkung der Handelsregistereintragung) nicht zur Anwendung gelangt.

Das heißt, dass Sie in jedem Fall prüfen müssen, ob ein im Sachverhalt geschildertes Unternehmen mit dem Zusatz „GbR" sich entsprechend dieser Gesellschaftsform zum Zeitpunkt des zu untersuchenden Rechtsproblems tatsächlich lediglich kleingewerblich betätigt oder ob zu diesem Zeitpunkt doch eher handelsgewerbliche Betätigung (vgl. § 1 II HGB) vorliegt und demzufolge von der vom Gesetzgeber „diktierten" Rechtsform der OHG auszugehen ist.[46]

Diese kurze Einführung in das Handels- und Gesellschaftsrecht soll als Basis für die Entwicklung Ihres rechtlichen Verständnisses und Ihrer methodischen Fähigkeiten zur Lösung entsprechender Rechtsfälle genügen.

Ebenso wie in den beiden anderen Bänden dieser Übungsbuchreihe sind die nachfolgenden Sachverhaltslösungen wieder nach dem Prinzip aufgebaut, zunächst einmal in Kurzform die erforderlichen Lösungsschritte darzustellen, um Ihnen, ausgehend vom Obersatz des Rechtsgutachtens, das sich daraus ableitende, immer wiederkehrende Aufbauschema einprägsam vor Augen zu führen. In den Fußnoten werden dann die einzelnen Darlegungen – Positivattest (+) bzw. Negativattest (-) – mit erklärenden bzw. ergänzenden Ausführungen untersetzt.

Schauen Sie sich also immer zuerst das Grundschema der Lösung an und versuchen Sie, die Logik des Herangehens zu begreifen. Das wird Ihnen in jedem Fall helfen, sich diese Schemata auch einzuprägen, um sie bei der eigenen Lösung eines Sachverhalts (vor allem in der Klausur) genauso zur Anwendung zu bringen. In einem zweiten Schritt beschäftigen Sie sich dann bitte intensiv mit den Erläuterungen in den Fußnoten. Diese klären Sie zum einen darüber auf, weshalb bei einem bestimmten Lösungsschritt ein Positiv- oder Negativattest erfolgen musste, und sie erweitern zum anderen Ihr Grundwissen zur Struktur und Wirkungsweise der rechtlichen Regelungen des Handels- und Gesellschaftsrechts.

Die am Ende des Übungsbuches präsentierten Multiple-Choice-Fragen geben Ihnen zu den einzelnen Schwerpunkten des Handels- und Gesellschaftsrechts noch einmal die Möglichkeit, Ihre bisher erlangten Kenntnisse und Fähigkeiten zu testen, was Ihnen vor allem in der Phase der gezielten Prüfungsvorbereitung von Nutzen sein kann.

---

[46] In der Rechtspraxis ist ein solches Herangehen von besonderer Bedeutung, da in einem gerichtlichen Verfahren oftmals genau diese Problematik vom Richter auf die Tagesordnung gesetzt wird, indem eben der Frage nachgegangen wird, ob das klagende bzw. beklagte „GbR-Unternehmen", das zunächst einmal tatsächlich als kleingewerbliches Unternehmen und insofern (damals) zu Recht in dieser Rechtsform gegründet wurde, (jetzt) zum Zeitpunkt des Rechtsgeschehens immer noch kleingewerblich agiert oder sich nach Art und Umfang der Geschäftstätigkeit (unbemerkt) zu einem handelsgewerblichen Unternehmen und somit zu einer OHG entwickelt hat.

Notizen

XXVI

Notizen

# I. Das kaufmännische Unternehmen

**Fall 1:**

Unternehmerin Käthe Ring (U) betreibt in Potsdam einen Party-Service. Zur Ausgestaltung mehrerer Großveranstaltungen kauft U namens ihres Unternehmens bei der „Säfte-voll-im-Trend-GmbH" (S) in Frankfurt (Oder) 6.000 Flaschen Orangensaft. Durch ein Versehen wird jedoch Sauerkrautsaft geliefert, was auch unmittelbar nach Eintreffen der Ware im Unternehmen der U festgestellt wurde. Da U gerade sehr viel zu tun hat, meldet sie sich erst vier Wochen später bei S und verlangt die Rücknahme der Sauerkrautsaftflaschen und Lieferung des bestellten Orangensaftes. Die ansonsten sehr zuverlässige S lehnt dies jedoch ab und verlangt ihrerseits Bezahlung des vereinbarten Kaufpreises.

Prüfen Sie, ob U von S die Rücknahme der Sauerkrautsaftflaschen und Lieferung des bestellten Orangensaftes verlangen kann.

**Lösung:**

Fallproblematik: **Der Unternehmensbegriff im BGB und im HGB**

Obersatz: Möglicherweise kann U (**wer?**) von S (**von wem?**) Nachlieferung (**was?**) gem. §§ 437 Nr. 1, 439 I Alt. 2 BGB (**woraus?**) verlangen.

Lösungsweg: I. Anspruch entstanden?

    1. wirksamer Kaufvertrag gem. § 433 BGB     (+)

    [Sachverhaltsschilderung]

    2. Gewährleistungsgrund (Verstoß gegen § 433 I S. 2 BGB)     (+)

    [Sache bei Gefahrübergang[47] mangelhaft[48] gem. § 434 III Alt. 1 BGB]

---

[47] Gem. § 446 BGB erfolgt der Übergang der Gefahr an den Käufer betreffs der Frage, ob er trotz des zufälligen Untergangs oder der zufälligen Verschlechterung der Kaufsache nach wie vor die Verpflichtung zur (vollständigen) Zahlung des Kaufpreises hat (*Preisgefahr!*) grundsätzlich (aber: §§ 447, 474 II BGB) mit der Übergabe der Kaufsache an den Käufer (also nicht unbedingt erst mit der Eigentumsverschaffung – § 449 BGB! –).

[48] Unter einem Sachmangel versteht man die ungünstige Abweichung der tatsächlichen Beschaffenheit der Kaufsache (Ist-Beschaffenheit) von ihrer Soll-Beschaffenheit. Danach unterscheidet der Gesetzgeber zunächst zwischen: 1. dem subjektiven Mangelbegriff [a) Abweichungen von der vereinbarten Beschaffenheit (§ 434 I S. 1 BGB) und b) Abweichungen betreffs der nach dem Vertrag vorausgesetzten Verwendung (§ 434 I S. 2 Nr. 1 BGB)] und 2. dem objektiven Mangelbegriff [Abweichungen auf der Grundlage des objektiven Kriteriums der gewöhnlichen Verwendung (§ 434 I S. 2 Nr. 2 BGB)]. Darüber hinaus stellt der Gesetzgeber gem. § 434 II BGB auch Montagefehler und mangelhafte Montageanleitungen („Ikea-Klausel") und gem. § 434 III BGB auch Falsch- und Zuweniglieferungen (hier: Falschlieferung – aliud –) einem Sachmangel gleich.

3. kein Ausschluss der Gewährleistung (+)

 a) kein gesetzlicher Ausschluss nach § 442 I S. 1 BGB (+)
 [U kannte den Mangel bei Vertragsschluss nicht]
 b) kein vertraglicher Ausschluss nach § 444 BGB (+)
 [Sachverhalt schildert diesbezüglich nichts]

Anspruch ist entstanden.

II. Anspruch nicht untergegangen?

Kann S gegen den Anspruch der U rechtsvernichtende Einwendungen[49] vortragen?

gem. § 377 I, II HGB:

Nichtbeachtung der Untersuchungs- und Rügeobliegenheit[50] hat zur Folge, dass die fehlerhafte Ware als genehmigt gilt[51]

Voraussetzungen:

1. wirksamer Kaufvertrag gem. § 433 BGB (+)
2. Kauf für U und S = Handelsgeschäft[52]?

Kaufmannseigenschaft beider (beidseitiges Handelsgeschäft)

 ▶ U = Unternehmerin i.S.d. § 14 BGB[53] (+)

---

[49] Bei der Prüfung von (rechtsvernichtenden) Einwendungen geht es darum, zu untersuchen, inwiefern der Bestand des von einem anderen behaupteten Rechts (hier: Anspruch auf Nacherfüllung gem. §§ 437 Nr. 1, 439 I Alt. 2 BGB) insgesamt in Frage gestellt werden kann. Der Untergang eines entstandenen Anspruchs geschieht beispielsweise gem. § 362 BGB durch reale Erfüllung (Erlöschen des Anspruchs) und gem. § 275 I BGB durch echte Unmöglichkeit der Leistungserbringung (Leistungsbefreiung). Einwendungen sind objektive Rechtstatsachen, die in jedem Fall vom Richter im Prozess beachtet und geprüft werden, auch wenn sie nicht geltend gemacht werden.

[50] § 377 HGB schützt den Verkäufer vor Inanspruchnahme und Beweisschwierigkeiten noch nach längerer Zeit wegen dann rechtlich nur schwer bewertbarer Mängel und fördert auch im Interesse des Käufers (sachgerechte Risikoverteilung zwischen beiden) die Einfachheit und Schnelligkeit im Handelsverkehr (BGHZ 66, 213, 217).

[51] Hierbei handelt es sich um eine gesetzliche Fiktion des Inhalts, dass die Ware von nun an insoweit als vertragsmäßig anzusehen ist (BGHZ 101, 348 ff.). Das bedeutet, dass der für die Geltendmachung von Gewährleistungsansprüchen erforderliche Sachmangel gem. § 434 BGB nicht mehr hergeleitet werden kann.

[52] Nach § 343 HGB sind Handelsgeschäfte alle Geschäfte eines Kaufmanns, die zum Betrieb seines Handelsgewerbes gehören. Ob ein Handelsgeschäft vorliegt hängt also davon ab, ob der jeweils Handelnde Kaufmann ist.

[53] § 14 BGB definiert den Begriff des Unternehmers als Gegenstück zum Begriff des Verbrauchers unter dem Gesichtspunkt verschiedener Normen des Verbraucherschutzes. Danach sind alle Handlungen in Ausführung einer gewerblichen oder freiberuflichen Tätigkeit begrifflich erfasst. Insofern geht der Unternehmerbegriff über den des Kaufmanns hinaus; zwar ist jeder Kaufmann Unternehmer, aber nicht jeder Unternehmer Kaufmann.

> ▶ U = kaufmännische Unternehmerin[54]    (+)
> [Kaufmann gem. § 1 I HGB:
> U betreibt ein Gewerbe, das gem. § 1 II HGB als Handels-
> gewerbe gewertet werden muss, da im Sachverhalt keine
> Angaben i.S. von „ ... *es sei denn, daß* ..." zu finden sind.]

---

[54] Der Gesetzgeber bestimmt in den §§ 1 – 6 HGB die Kaufmannseigenschaft wie folgt:

1. Auf der Grundlage der Ausübung gewerblicher Tätigkeit (• nach außen gerichtete, • planmäßige, auf Dauer angelegte, • selbständige, • auf Gewinnerzielung ausgerichtete oder jedenfalls wirtschaftliche Tätigkeit am Markt • unter Ausschluss freiberuflicher Tätigkeit) bestimmt der Gesetzgeber die Kaufmannseigenschaft
   - gem. **§ 1 HGB**, wonach in jedem Fall (unabhängig vom Willen des Handelnden und einer Handelsregistereintragung) jeder, der ein *Handelsgewerbe* betreibt, Kaufmann ist und sich als solcher gem. § 29 HGB ins Handelsregister eintragen muss (deklaratorische Wirkung der Handelsregistereintragung). Diesbezüglich definiert der Gesetzgeber in § 1 II HGB, dass grundsätzlich zunächst einmal jede gewerbliche Betätigung als handelsgewerbliche Tätigkeit gewertet wird, solange nicht der Nachweis erbracht wird, dass die Betätigung sich nur als Kleingewerbe (nach Art oder Umfang ein in kaufmännischer Weise eingerichteter Geschäftsbetrieb nicht erforderlich) darstellt [„Ist-Kaufmann"].
   - gem. **§ 2 HGB**, wonach jeder, der nur ein *Kleingewerbe* betreibt, die Möglichkeit hat, sich durch freiwillige Eintragung ins Handelsregister die Kaufmannseigenschaft zuzulegen (konstitutive Wirkung der Handelsregistereintragung) [„Kann-Kaufmann"].

2. Auf der Grundlage land- und forstwirtschaftlicher Betätigung bestimmt der Gesetzgeber die Kaufmannseigenschaft
   - gem. **§ 3 HGB**, wonach unabhängig von der Art der gewerblichen Betätigung (Handels- oder Kleingewerbe) immer nur auf der Grundlage freiwilliger Eintragung ins Handelsregister die Kaufmannseigenschaft zugeordnet wird (konstitutive Wirkung der Handelsregistereintragung) [„Kann-Kaufmann"].

3. Auf der Grundlage der Rechtsform des Unternehmens bestimmt der Gesetzgeber die Kaufmannseigenschaft
   - gem. **§ 6 I HGB**, wonach jede *Handelsgesellschaft* Kaufmannseigenschaft hat. Insofern ist jede GmbH gem. § 13 III GmbHG und jede AG gem. § 3 I AktG unabhängig von ihrer Zweckausrichtung (gewerblich oder nichtgewerblich) kaufmännisches Unternehmen [„Formkaufmann"].
   - gem. **§ 6 II HGB**, wonach die Kaufmannseigenschaft sich auch aus den speziellen Regelungen des Rechts der *juristischen Personen* („Vereine") ableitet. Das betrifft gem. § 17 II GenG alle eingetragenen Genossenschaften (eG) [„Formkaufmann"].

Darüber hinaus schützt der Gesetzgeber gem. **§ 5 HGB** noch das Vertrauen in die Richtigkeit einer Handelsregistereintragung, wonach auch ein Gewerbetreibender, der zu Unrecht – z. B. als Kleingewerbetreibender oder als land- bzw. forstwirtschaftlicher Betrieb ohne ausdrücklichen freiwilligen Antrag auf Handelsregistereintragung – (versehentlich) in das Handelsregister eingetragen wurde, als Kaufmann gilt [„Fiktivkaufmann"]. Gewohnheitsrechtlich anerkannt ist auch noch die Lehre vom **Scheinkaufmann**, wonach derjenige, der durch zurechenbares Verhalten (z.B. mittels einer professionellen Homepage) den Anschein erweckt, Kaufmann zu sein, sich grundsätzlich als solcher behandeln lassen muss. Wer als Scheinkaufmann gewertet werden soll, muss jedoch auch bei einem konkreten Rechtsgeschäft (z.B. Vertragsschluss) den Rechtsschein gesetzt haben.

> ▶ S = kaufmännisches Unternehmen (+)
> [Kaufmann gem. § 6 I HGB i.V.m. § 13 III GmbHG]

                Kauf für U und S = Handelsgeschäft (+)

          3. Nichtbeachtung der der U zugeordneten Obliegenheit[55] (+)

                [U hat zwar durch unverzüglich nach Wareneingang vorgenommene *Untersuchung* den offensichtlichen Sachmangel (aliud) rechtzeitig erkannt, aber die diesbezüglich erforderliche *Anzeige* (Mängelrüge) an S nicht ohne schuldhaftes Zögern (unverzüglich) – erst vier Wochen später – abgegeben.]

                Anspruch ist untergegangen.

Ergebnis:     U kann von S keine Lieferung des bestellten Orangensaftes gegen Rücknahme des Sauerkrautsaftes gem. §§ 437 Nr. 1, 439 I Alt. 2 BGB i.V.m. § 377 I, II HGB verlangen.[56]

---

[55] Zunächst obliegt es dem kaufmännischen Käufer, die Ware bei deren Empfangnahme unverzüglich (ohne schuldhaftes Zögern, vgl. § 121 I BGB) zu untersuchen, um *offensichtliche Sachmängel* festzustellen. Das bedeutet zum Beispiel, dass bei verpackten Waren (auch Konserven oder Flaschen) Stichproben zu machen sind und gelieferte Maschinen probeweise in Betrieb genommen werden müssen. Werden bei dieser Untersuchung tatsächlich Sachmängel festgestellt, müssen diese unverzüglich dem kaufmännischen Verkäufer angezeigt werden, um einen Rechtsverlust im Hinblick auf § 437 BGB (Gewährleistungsrechte) zu vermeiden. Mängel, die bei der Untersuchung nicht erkennbar waren (vgl. § 377 II 2. HS HGB) – sogenannte *verdeckte Mängel* –, müssen dann später, nachdem sie sich zeigen, gem. § 377 III 1. HS HGB ebenfalls unverzüglich angezeigt werden. Maßgeblich für die Rechtzeitigkeit der Rüge ist gem. § 377 IV HGB die rechtzeitige Absendung der Anzeige. Damit nimmt der Gesetzgeber dem erklärungspflichtigen Käufer in jedem Fall das *Verzögerungsrisiko* ab. Trifft die rechtzeitig vom Käufer abgegebene (empfangsbedürftige) Erklärung beim Erklärungsempfänger (Verkäufer) verspätet ein, hat dies für den Käufer keine negativen Auswirkungen (kein Rechtsverlust). Geht hingegen die Anzeige (z.B. per Brief oder Fax) verloren, so dass der Erklärungsempfänger (Verkäufer) die Erklärung gar nicht erhält, greift wieder der Schutzmechanismus zugunsten des Verkäufers. Insofern trägt der Käufer die *Verlustgefahr* und muss sich demzufolge in der Praxis durch entsprechende Übertragungswege (z.B. durch Einschreiben mit Rückschein oder persönlichen Einwurf mit Zeugen) dahingehend Sicherheit verschaffen, dass er beweiskräftig davon ausgehen kann, dass die Mängelanzeige auch tatsächlich dem Verkäufer gem. § 130 I BGB zugegangen ist, also in dessen Machtbereich gelangte, so dass dieser die Möglichkeit der Kenntnisnahme hatte.

[56] Diesbezüglich ist jedoch anzumerken, dass die Wirkung der rechtlichen Regelung des § 377 HGB davon abhängt, inwiefern der kaufmännische Verkäufer sich diese Regelung auch zunutze macht. In der Praxis kann es aus wirtschaftlicher Sicht durchaus sinnvoll sein, sich als Lieferant entgegen dieser Regelung ganz bewusst für die Anerkennung der kaufrechtlichen Gewährleistungsrechte des Käufers zu entscheiden.

**Fall 2:**

Die A-GmbH (A) stellt die VWA-Absolventin Veronika ein. Zu ihren künftigen Arbeitsaufgaben soll die rechtliche Abwicklung des Warenverkehrs gehören. Deshalb wird ihr vom Geschäftsführer der A Prokura mit der Maßgabe erteilt, dass sie Verträge, die den Betrag von 10.000 € überschreiten, nur mit dessen Zustimmung abschließen darf.

Prüfen Sie die Wirksamkeit der durch Veronika im Namen der A abgeschlossenen Verträge, ...

a) ... mit dem Geschäftspartner V über die Anlieferung von Waren an die A zu einem Preis in Höhe von 5.000 €, noch bevor die Prokura in das Handelsregister eingetragen wurde.

b) ... mit dem Geschäftspartner W, der von der Einschränkung des Umfangs der nunmehr im Handelsregister eingetragenen Prokura der Veronika weiß, über die Anlieferung von Waren an die A zu einem Preis in Höhe von 12.000 €.

c) ... mit dem Geschäftspartner X über die Anlieferung von Waren an die A zu einem Preis in Höhe von 10.000 €, nachdem der Geschäftsführer der A die Veronika aufgrund ihrer unter b) dargestellten Verfehlung auf einen 4-wöchigen Lehrgang „Professioneller Vertragsabschluss" geschickt und die klare Weisung gegeben hat, dass in dieser Zeit die Prokura ruhen soll, wovon X in einem Telefonat mit der Chefsekretärin der A auch in Kenntnis gesetzt wurde.

d) ... mit dem Geschäftspartner Y, der von den internen Einschränkungen der Prokura der Veronika weiß und der auf die A nicht gut zu sprechen ist und dem es gelingt, die Veronika, die von dem Geschäftsführer der A ständig gemobbt wird, zu überreden, zum Zwecke der Schädigung der A einen Vertrag über die Anlieferung von Waren an die A zu einem Preis in Höhe von 30.000 € abzuschließen.

e) ... mit dem Geschäftspartner Z über die Anlieferung von Waren an die A zu einem Preis in Höhe von 8.000 €, unmittelbar nachdem der Veronika aufgrund der unter d) geschilderten schwerwiegenden arbeitsrechtlichen Verfehlung fristlos gekündigt wurde, wovon Z nichts wusste und auch nichts wissen konnte.

**Lösung:**

Fallproblematik: **rechtsgeschäftliche Vertretung (Prokura)**

Obersatz zu a): Es ist zu prüfen, ob zwischen der A und dem Geschäftspartner V ein wirksamer Vertrag zustande kommt.

Lösungsweg: 1. Zustandekommen eines Kaufvertrages gem. § 433 BGB?[57]

Willensübereinkunft beider Vertragspartner:

---

[57] Die Prüfung des Zustandekommens eines Vertrages beantwortet lediglich die Frage, ob überhaupt eine entsprechende Willensübereinkunft der Parteien auf der Grundlage wirksamer Willenserklärungen erzielt wurde. Hier stehen also einzig und allein die Willenserklärungen im Fokus der Betrachtung und noch nicht die mit der Willensübereinkunft beabsichtigten Rechtserfolge [WE müssen: 1. vorliegen, 2. von einem Geschäftsfähigen abgegeben worden sein (§§ 104 ff. BGB) und 3. beim Adressaten zugegangen sein (§§ 130 ff. BGB)].

▶ WE des V: „Ich verpflichte mich, Dir – A – die Waren zu übergeben und Dich zum Eigentümer der Waren zu machen."
(§ 433 I BGB) (+)
▶ WE seitens der Veronika für die A gem. § 164 I BGB[58]:
[• eigene WE d. Stellvertreters; • Offenkundigkeit d. Stellvertretung]
„Ich – Veronika – erkläre[59], dass die A[60] sich verpflichtet, die Waren abzunehmen und Dir – V – dafür 5.000 € zu bezahlen."
(§ 433 II BGB) (+)
Zwischen A und V kommt ein Kaufvertrag zustande.

2. Wirksamkeit des zustande gekommenen Kaufvertrages?[61]

• Vertretungsmacht der Veronika gem. § 164 I BGB?
(a) gesetzliche Vertretungsmacht (§ 35 GmbHG) (-)
(b) rechtsgeschäftliche Vertretungsmacht[62]?
hier: Vollmacht in Form einer Prokura:[63]

---

[58] § 164 I BGB regelt drei Grundvoraussetzungen einer wirksamen Stellvertretung: 1. die *eigene Willenserklärung* des Stellvertreters, 2. die *Offenkundigkeit* der Stellvertretung auf der Seite des außenstehenden Dritten und 3. die *Vertretungsmacht* des Stellvertreters. Die ersten beiden Grundvoraussetzungen sind ausschlaggebend für das Zustandekommen eines Vertrages aus der Sicht der Willensübereinkunft und die dritte Grundvoraussetzung ist entscheidend für die Wirksamkeit des zustande gekommenen Vertrages (vgl. § 177 BGB).

[59] Veronika gibt eine *eigene Willenserklärung* ab. Insofern tritt sie nicht lediglich als Bote auf.

[60] Veronika handelt nach der Sachverhaltsschilderung für V offensichtlich im Namen der A (*Offenkundigkeit* der Stellvertretung).

[61] Die Prüfung der Wirksamkeit des zustande gekommenen Vertrages hinterfragt, ob die erzielte Willensübereinkunft auch die beabsichtigten Rechtsfolgen hervorruft. Hier rückt also die erzielte Willensübereinkunft aus der Sicht ihrer tatsächlichen rechtlichen Realisierung in den Mittelpunkt der Betrachtung [Willensübereinkünfte müssen: 1. bestimmten Wirksamkeitserfordernissen genügen (Wirksamkeit gem. §§ 108, 177, 311a BGB) und 2. bestimmten Wirksamkeitshindernissen widerstehen (keine Nichtigkeit gem. §§ 125, 134, 138, 142 BGB)].

[62] Die Zuordnung von Vertretungsmacht durch Rechtsgeschäft geschieht durch Erteilung einer entsprechenden Vollmacht (vgl. §§ 166 II, 167 BGB) seitens des Vertretenen an den Stellvertreter. Diesbezüglich wird der Umfang der Vertretungsmacht innerhalb dieses Innenverhältnisses durch den Vertretenen bestimmt. Zu dessen Schutz kommt ein wirksamer Vertrag nur zustande, wenn der rechtsgeschäftliche Vertreter tatsächlich im Umfang der ihm im Innenverhältnis zugeordneten Vertretungsmacht handelt (vgl. § 164 I i.V.m. § 177 BGB). Im Außenverhältnis wird der ahnungslose außenstehende Dritte, der mit der Tatsache und den Rechtsfolgen einer Vertretung ohne (ausreichende) Vertretungsmacht konfrontiert wird, gem. § 179 BGB geschützt.

[63] Die rechtsgeschäftliche Vertretung eines kaufmännischen Unternehmens durch einen Angestellten basiert auf dessen Bevollmächtigung entweder in Form einer Prokura (§§ 48 – 53 HGB) oder in Form einer Handlungsvollmacht (§§ 54 – 58 HGB).

> (1) Prokuraerteilung gem. § 48 I HGB:
> 1. ausdrückliche Erklärung [„Prokura"] (+)
> 2. ausgehend von einem kaufm. Unternehmen[64] (+)
>    [§ 6 I HGB i.V.m. § 13 III GmbHG[65]]
> 3. durch Inhaber des kaufmänn. Unternehmens[66]
>    oder durch dessen gesetzlichen Vertreter[67] (+)
>    [hier: Geschäftsführer der A als deren gesetz-
>    licher Vertreter gem. § 35 I S. 1 GmbHG]
>
> (2) Wirksamkeit der erteilten Prokura:
>    § 53 I S. 1 HGB = keine Eintragung ins HR[68]
>    → keine Auswirkungen auf Wirksamkeit (+)
>
> (3) Handeln im Rahmen der Vertretungsmacht (+)
>    [§ 49 HGB = gesetzlich vorgegeben[69]]

---

[64] Der Begriff „Handelsgeschäft" ist ein sog. Homonym und bezeichnet zum einen gem. § 343 HGB das kaufmännische Rechtsgeschäft und zum anderen das kaufmännische Unternehmen (vgl. § 22 HGB). Insofern macht der Gesetzgeber in § 48 I HGB deutlich, dass nur ausgehend von einem *kaufmännischen* Unternehmen die Erteilung einer Prokura erfolgen kann. Ein nicht im Handelsregister eingetragener Kleingewerbetreibender kann demzufolge nur eine (ganz normale) Vollmacht nach BGB und allenfalls in analoger Anwendung des § 54 HGB Handlungsvollmacht (vgl. *Baumbach/Hopt*, HGB, 37. Aufl. 2016, § 54 Rn. 6), aber niemals Prokura, erteilen.

[65] Zur Kaufmannseigenschaft kraft der Rechtsform des Unternehmens („Formkaufmann") vgl. Fn. 54.

[66] Das wäre z.B. der Betreiber eines einzelkaufmännischen Unternehmens, also der Einzelkaufmann selbst.

[67] Nur einem *gesetzlichen Vertreter* wird gem. § 48 I Alt. 2 HGB die Rechtsmacht einer wirksamen Prokuraerteilung zugeordnet. Ein rechtsgeschäftlicher Vertreter hingegen, also beispielsweise ein Prokurist oder Handlungsbevollmächtigter eines kaufmännischen Unternehmens, kann eine Prokura nicht wirksam erteilen.

[68] Die Prokura ist, getreu dem Transparenzprinzip im Handelsrecht, durch das Handelsregister zu verlautbaren. Insofern ist die Eintragung einer erteilten Prokura zwingend. Mit der Eintragung wird aber nur noch einmal die bereits vorhandene Rechtslage (Vorhandensein rechtsgeschäftlicher Vertretungsmacht aufgrund wirksamer Prokuraerteilung gem. § 48 HGB) nach außen kundgetan (deklaratorische Rechtswirkung der Registereintragung).

[69] Bei der Prokura bestimmt nicht der Vertretene Inhalt und Umfang der Vertretungsmacht seines Stellvertreters, sondern der Gesetzgeber. Gem. § 49 HGB wird die quasi „Allmacht" eines mit Prokura ausgestatteten kaufmännischen Angestellten („zweites Ich" des Kaufmanns) allgemeinverbindlich festlegt. Durch diese gesetzlich umschriebene (typisierte) Vertretungsmacht wird ein hohes Maß an Rechtssicherheit vermittelt (vgl. Fn. 74). Hierdurch wird nämlich verhindert, dass ein Vertragspartner nach Vertragsschluss überraschend vom Vertretenen erfährt, dass dessen Stellvertreter (leider) nicht im Rahmen der ihm zugeordneten Vertretungsmacht handelte, so dass der zustande gekommene Vertrag gar keine Wirksamkeit erlangte und es insofern in der Hand des Vertretenen läge, ob die mittels des vollmachtlosen Vertreters erzielte Vertragsübereinkunft doch noch ihre rechtlichen Wirkungen entfaltet (§ 177 BGB: schwebende Unwirksamkeit des zustande gekommenen Vertrages).

| Vertretungsmacht der Veronika gem. § 164 I BGB | (+) |

Der zwischen A und V zustande gekommene Kaufvertrag ist wirksam.

**Ergebnis zu a):** Zwischen der A und dem V kommt aufgrund wirksamer Vertretung der A durch die Veronika gem. § 164 I BGB i.V.m. §§ 48 ff. HGB ein wirksamer Kaufvertrag gem. § 433 BGB zustande.

**Obersatz zu b):** Es ist zu prüfen, ob zwischen der A und dem Geschäftspartner W ein wirksamer Vertrag zustande kommt.

**Lösungsweg:** 1. Zustandekommen eines Kaufvertrages gem. § 433 BGB?[70]

Willensübereinkunft beider Vertragspartner (+)

[gemäß den Ausführungen oben unter a):

WE seitens der Veronika für die A gem. § 164 I BGB[71]:

• eigene WE des Stellvertreters; • Offenkundigkeit der Stellvertretung]

Zwischen A und W kommt ein Kaufvertrag zustande.

2. Wirksamkeit des zustande gekommenen Kaufvertrages?[72]

• Vertretungsmacht der Veronika gem. § 164 I BGB?

gemäß den Ausführungen oben unter a):

hier: Vollmacht in Form einer Prokura

| (1) Prokuraerteilung gem. § 48 I HGB | (+) |
| (2) Wirksamkeit der erteilten Prokura | (+) |
| (3) Handeln im Rahmen der Vertretungsmacht | (+) |

[○ gesetzliche Vorgabe gem. § 49 HGB:

jeglicher Vertragsschluss (außer betreffs

des Verkaufs und der Belastung der Grund-

stücke des Unternehmens) möglich

○ interne Beschränkung der gesetzlichen Vorgabe:

hier = nur Verträge bis 10.000 €[73]

gem. § 50 I HGB:

---

[70] Hinsichtlich der Voraussetzungen für das Zustandekommens eines Vertrages vgl. Fn. 57.

[71] Hinsichtlich der Grundvoraussetzungen einer wirksamen Stellvertretung vgl. Fn. 58.

[72] Hinsichtlich der Prüfung der Wirksamkeit eines zustande gekommenen Vertrages vgl. Fn. 61.

[73] Eine solche Beschränkung des Umfangs der Prokura ist im *Innenverhältnis* zwischen dem kaufmännischen Unternehmen und dem Angestellten als *arbeitsrechtlich bindende Weisung* rechtlich relevant, was zur Folge hat, dass der Prokurist in der Regel sein Handeln nach außen auf diese internen Festlegungen auch ausrichtet.

> nach außen nicht relevant[74]]
> Vertretungsmacht der Veronika gem. § 164 I BGB (+)
>
> Der zwischen A und W zustande gekommene Kaufvertrag ist wirksam.

Ergebnis zu b): Zwischen der A und dem W kommt aufgrund wirksamer Vertretung der A durch die Veronika gem. § 164 I BGB i.V.m. §§ 48 ff. HGB ein wirksamer Kaufvertrag gem. § 433 BGB zustande.

Obersatz zu c): Es ist zu prüfen, ob zwischen der A und dem Geschäftspartner X ein wirksamer Vertrag zustande kommt.

Lösungsweg: 1. Zustandekommen eines Kaufvertrages gem. § 433 BGB?[75]

Willensübereinkunft beider Vertragspartner (+)

[gemäß den Ausführungen oben unter a):

WE seitens der Veronika für die A gem. § 164 I BGB[76]:

• eigene WE des Stellvertreters; • Offenkundigkeit der Stellvertretung]

Zwischen A und X kommt ein Kaufvertrag zustande.

2. Wirksamkeit des zustande gekommenen Kaufvertrages?[77]

> • Vertretungsmacht der Veronika gem. § 164 I BGB?
> gemäß den Ausführungen oben unter a):
> hier: Vollmacht in Form einer Prokura
> (1) Prokuraerteilung gem. § 48 I HGB (+)
> (2) Wirksamkeit der erteilten Prokura (+)
> [rechtliche Relevanz (nach außen) der internen
> Anweisung an Veronika: „Ruhen der Prokura":

---

[74] Der Rechtsschutzgedanke, der der typisierten Vertretungsmacht in Form einer Prokura zugrunde liegt (vgl. Fn. 69), offenbart sich in § 50 I HGB, wonach Beschränkungen des vom Gesetzgeber in § 49 HGB festgelegten Umfangs der Vertretungsbefugnis eines Prokuristen außenstehenden Dritten gegenüber nicht zur Wirkung gelangen. Dieser Rechtsschutz greift grundsätzlich (vgl. aber später Ausführungen unter d) unabhängig davon, ob der Geschäftspartner von derartigen Beschränkungen weiß oder wissen müsste. Zu dieser Rechtsauslegung des § 50 I HGB gelangt man, wenn die Formulierung dieser rechtlichen Regelung mit der in § 54 III HGB (Wirkung von Beschränkungen der Handlungsvollmacht gegenüber „Wissenden") verglichen wird. Hätte der Gesetzgeber wie bei der Handlungsvollmacht auch betreffs der Prokura ein Wirksamwerden von Beschränkungen gegenüber „Wissenden" gewollt, dann hätte er sich in § 50 I HGB der gleichen Diktion wie in § 54 III HGB bedient.

[75] Hinsichtlich der Voraussetzungen für das Zustandekommens eines Vertrages vgl. Fn. 57.

[76] Hinsichtlich der Grundvoraussetzungen einer wirksamen Stellvertretung vgl. Fn. 58.

[77] Hinsichtlich der Prüfung der Wirksamkeit eines zustande gekommenen Vertrages vgl. Fn. 61.

> „Ruhen der Prokura" ≠ Erlöschen[78]
> → § 50 II HGB: lediglich (zeitliche) Beschränkung des Umfangs der Prokura
> → § 50 I HGB: nach außen nicht relevant[79]]
> (3) Handeln im Rahmen der Vertretungsmacht (+)
> Vertretungsmacht der Veronika gem. § 164 I BGB (+)

Der zwischen A und X zustande gekommene Kaufvertrag ist wirksam.

Ergebnis zu c): Zwischen der A und dem X kommt aufgrund wirksamer Vertretung der A durch die Veronika gem. § 164 I BGB i.V.m. §§ 48 ff. HGB ein wirksamer Kaufvertrag gem. § 433 BGB zustande.

Obersatz zu d): Es ist zu prüfen, ob zwischen der A und dem Geschäftspartner Y ein wirksamer Vertrag zustande kommt.

Lösungsweg: 1. Zustandekommen eines Kaufvertrages gem. § 433 BGB?[80]

Willensübereinkunft beider Vertragspartner (+)

[gemäß den Ausführungen oben unter a):

WE seitens der Veronika für die A gem. § 164 I BGB[81]:

• eigene WE des Stellvertreters; • Offenkundigkeit der Stellvertretung]

Zwischen A und Y kommt ein Kaufvertrag zustande.

2. Wirksamkeit des zustande gekommenen Kaufvertrages?[82]

> • Vertretungsmacht der Veronika gem. § 164 I BGB?
> gemäß den Ausführungen oben unter a):
> hier: Vollmacht in Form einer Prokura

---

[78] Das Erlöschen der Prokura müsste gem. § 53 II HGB in das Handelsregister eingetragen werden. Bezüglich einer solchen eintragungspflichtigen Rechtstatsache bestimmt der Gesetzgeber in § 15 I HGB, dass sich die mit der einzutragenden Rechtstatsache verbundene Rechtswirkung (hier: keine Vertretungsmacht mehr vorhanden) nach außen nur durch die HR-Eintragung und Bekanntmachung bzw. durch anderweitige Inkenntnissetzung außenstehender Dritter entfaltet (negative Publizität des Handelsregisters). Dies spielt jedoch im vorliegenden Sachverhalt gar keine Rolle, da das „Ruhen" – also die Beschränkung der Prokura im Hinblick auf deren zeitliche Ausübung (vgl. § 50 II HGB) – nicht im Sinne des (vollständigen) Erlöschens rechtlich gewertet werden kann.

[79] Zum Rechtsschutzgedanken handelsrechtlicher Stellvertretung in Form der Prokura vgl. Fn. 74.

[80] Hinsichtlich der Voraussetzungen für das Zustandekommens eines Vertrages vgl. Fn. 57.

[81] Hinsichtlich der Grundvoraussetzungen einer wirksamen Stellvertretung vgl. Fn. 58.

[82] Hinsichtlich der Prüfung der Wirksamkeit eines zustande gekommenen Vertrages vgl. Fn. 61.

> (1) Prokuraerteilung gem. § 48 I HGB (+)
> (2) Wirksamkeit der erteilten Prokura (+)
> (3) Handeln im Rahmen der Vertretungsmacht (-)
>   [○ gesetzliche Vorgabe gem. § 49 HGB:
>     jeglicher Vertragsschluss (außer betreffs
>     des Verkaufs und der Belastung der Grund-
>     stücke des Unternehmens) möglich
>   ○ interne Beschränkung der gesetzlichen Vorgabe:
>     hier: nur Verträge bis 10.000 €[83]
>     gem. § 50 I HGB:
>     nach außen nicht relevant[84]
>   ○ kein Handeln im Rahmen der Vertretungsmacht
>     bei Missbrauch der Prokura
>     hier: Kollusion[85]]
> Vertretungsmacht der Veronika gem. § 164 I BGB (-)

Der zwischen A und Y zustande gekommene Vertrag ist nicht wirksam.

Ergebnis zu d):  Zwischen der A und dem Y kommt aufgrund nicht wirksamer Vertretung der A durch die Veronika gem. §§ 164 I, 177 BGB i.V.m. §§ 48 ff. HGB kein wirksamer Kaufvertrag gem. § 433 BGB zustande.

Obersatz zu e):  Es ist zu prüfen, ob zwischen der A und dem Geschäftspartner Z ein wirksamer Vertrag zustande kommt.

---

[83] Hinsichtlich der Wirkung der Beschränkung des Umfangs der Prokura im *Innenverhältnis* vgl. Fn. 73.

[84] Zum Rechtsschutzgedanken handelsrechtlicher Stellvertretung in Form der Prokura vgl. Fn. 74.

[85] Nach dem Grundsatz von Treu und Glauben (vgl. § 242 BGB) wird in der Rechtsprechung und Literatur die Berufung auf eine bestehende Vollmacht im Falle deren Missbrauchs eingeschränkt. Rechtsfolge eines solchen Missbrauchs ist, dass die Vertretungsmacht das missbräuchlich getätigte Geschäft namens des Vertretenen nicht deckt. Das heißt, dass es sich quasi um eine Vertretung ohne Vertretungsmacht (vgl. §§ 177 ff. BGB) handelt und insofern der zustande gekommene (schädigende) Vertrag keine Wirksamkeit erlangt. Dies gilt auch für die unbeschränkbare Vertretungsmacht in Form einer Prokura (vgl. *Baumbach/Hopt*, HGB, 37. Aufl. 2016, § 50 Rn. 6). Im Interesse der Sicherheit des handelsrechtlichen Verkehrs werden diesbezüglich jedoch aus der Sicht des (missbräuchlich) vertretenen kaufmännischen Unternehmens besonders hohe Risikomaßstäbe zugrunde gelegt. Ein klarer Fall des Missbrauchs der Prokura, aufgrund dessen sich der Vertragsgegner nicht auf das Bestehen der Vertretungsmacht berufen kann, ist die sog. *Kollusion*, bei der Geschäftsgegner und Stellvertreter in schädigender Absicht vorsätzlich vertragsschließend zusammenwirken (vgl. diesbezüglich auch §§ 138, 826 BGB = Nichtigkeit des Vertrages wegen Sittenwidrigkeit).

Lösungsweg: 1. Zustandekommen eines Kaufvertrages gem. § 433 BGB?[86]

Willensübereinkunft beider Vertragspartner (+)

[gemäß den Ausführungen oben unter a):

WE seitens der Veronika für die A gem. § 164 I BGB[87]:

• eigene WE des Stellvertreters; • Offenkundigkeit der Stellvertretung]

Zwischen A und Z kommt ein Kaufvertrag zustande.

2. Wirksamkeit des zustande gekommenen Kaufvertrages?[88]

> • Vertretungsmacht der Veronika gem. § 164 I BGB?
> gemäß den Ausführungen oben unter a):
> hier: Vollmacht in Form einer Prokura
> (1) Prokuraerteilung gem. § 48 I HGB (+)
> (2) Wirksamkeit der erteilten Prokura (+)
> [o § 168 S. 1 BGB: fristlose Kündigung
>   des Arbeitsrechtsverhältnisses hat das
>   Erlöschen der Vollmacht zur Folge[89]
> o § 53 II HGB: Erlöschen der Prokura
>   muss im HR seinen Niederschlag finden
> o § 15 I HGB (negative Publizität des HR):
>   dem ahnungslosen Dritten (hier: Z) trifft die
>   Rechtsfolge des Erlöschens der Prokura[90] nicht]
> (3) Handeln im Rahmen der Vertretungsmacht (+)
> Vertretungsmacht der Veronika gem. § 164 I BGB (+)

Der zwischen A und Z zustande gekommene Kaufvertrag ist wirksam.

Ergebnis zu e): Zwischen der A und dem Z kommt aufgrund wirksamer Vertretung der A durch die Veronika gem. § 164 I BGB i.V.m. §§ 48 ff. HGB ein wirksamer Kaufvertrag gem. § 433 BGB zustande.

---

[86] Hinsichtlich der Voraussetzungen für das Zustandekommens eines Vertrages vgl. Fn. 57.

[87] Hinsichtlich der Grundvoraussetzungen einer wirksamen Stellvertretung vgl. Fn. 58.

[88] Hinsichtlich der Prüfung der Wirksamkeit eines zustande gekommenen Vertrages vgl. Fn. 61.

[89] Das der Vollmachtserteilung zugrunde liegende Rechtsgeschäft (z.B. Auftrag – §§ 662 ff. BGB – oder Dienstvertrag – §§ 611 ff. BGB –) und die Vollmachtserteilung selbst sind eigenständige Rechtsvorgänge (Trennungs- und Abstraktionsprinzip!), die erst über § 168 S. 1 BGB eine entsprechende „Verknüpfung" erfahren.

[90] Rechtsfolge des Erlöschens der Prokura: keine Vertretungsmacht mehr vorhanden. Das heißt, der Vertreter handelt ohne Vertretungsmacht, so dass ein dennoch zustande gekommener Vertrag (schwebend) unwirksam ist.

**Fall 3:**

BWL-Student Steffen (S) möchte in den Semesterferien seine erworbenen Buchführungskenntnisse praktisch zum Einsatz bringen, um sich dadurch etwas Geld zu verdienen. Deshalb nimmt er sehr dankbar das Angebot seines Onkels O an, in dessen Weingeschäft in München die Buchhaltung in Ordnung zu bringen.
Da S sich aber nicht nur für Zahlen interessiert, sondern auch durchaus den feinen Genüssen des Lebens sehr zugetan ist, hält er sich auch mitunter im Verkaufsbereich auf, um die Vielfalt der angebotenen Weinsorten zu bewundern. Ab und zu gestattet ihm sein Onkel sogar, von dem einen oder anderen „guten Tropfen" ein Probegläschen zu genießen. Mit der Zeit entwickelt S ein durchaus beachtliches Fachwissen auf dem Gebiet des Weines. Darum bittet er den O, künftig nicht nur im Hinterzimmer des Geschäftes die Buchhaltung zu erledigen, sondern auch die Kunden im Laden beraten zu dürfen. Gegen die Beratung der Kunden durch S hat O nichts einzuwenden; den Verkauf möchte O dann aber immer selbst durchführen.
Eines Tages ist S jedoch im Verkaufsraum des Geschäfts allein, da der O im Hinterzimmer gerade ein wichtiges Telefonat mit einem seiner Weinhändler führt. Da betritt Ferdinand (F), ein Studienfreund des S, den Laden. Beide freuen sich des Wiedersehens und S prahlt mit seinen neuen Fähigkeiten auf dem Gebiet des Weinhandels, die er sich bei seiner Anstellung im Geschäft seines Onkels angeeignet hat. Das kann F, der als Sohn einer badischen Winzerfamilie aufgewachsen ist, gar nicht so recht glauben. Deshalb versucht der S den F dadurch zu beeindrucken, dass er ihm eine sehr gute Flasche Wein zu einem außerordentlich günstigen Preis zum Kauf anbietet, was sich der Weinkenner F auch nicht entgehen lässt.
Als S seinem Onkel vom Verkauf dieser Weinflasche erzählt, ist dieser über das eigenmächtige Handeln des S empört, zumal es sich bei dem Inhalt der verkauften Flasche in der Tat um einen wirklich „guten Tropfen" handelt, dessen beachtlicher Wert in keinem Verhältnis zu dem von F entrichteten sehr niedrigen Kaufpreis steht.
Aus diesem Grunde will O die verkaufte Weinflasche wieder zurück haben.
BWL-Student S, der im Zweitfach „Recht der Wirtschaft" studiert, überlegt nun, ob es für den O einen „legalen" Weg gibt, auch gegen den Willen des F die Weinflasche wieder in seinen Besitz zu bringen, so dass O diese zu einem dem Wert des Weines adäquaten Preis in seinem Laden verkaufen kann.

Wie ist die Rechtslage?

**Lösung:**

Fallproblematik: **rechtsgeschäftliche Vertretung (Ladenvollmacht)**

Obersatz 1: Möglicherweise kann O (**wer?**) von F (**von wem?**) Herausgabe der Weinflasche (**was?**) gem. §§ 985, 986 BGB (**woraus?**) verlangen.

Lösungsweg:  I. Anspruch entstanden?

Voraussetzung: O = Eigentümer; F = unberechtigter Besitzer

1. F ist Besitzer der Weinflasche                                    (+)

2. O ist noch Eigentümer der Weinflasche?

   Eigentumsverlust des O?

> Eigentumsverlust auf rechtsgeschäftlicher Grundlage in Form
> der Eigentumsübertragung an F durch S gem. § 929 S. 1 BGB?

1.) **Einigung** (mit entsprechender Berechtigung)?

(1) Zustandekommen des dinglichen Vertrages (*Einigung*)?

▶ WE des F: „Ich will Eigentum an der Weinflasche
des O erlangen." (+)

▶ WE seitens des S für O gem. § 164 I BGB[91]:
[● eigene WE des Stellvertreters; ● Offenkundigkeit
der Stellvertretung]
„Ich – S – erkläre[92], dass ich Dir – F – als Angestellter
des O[93] dessen Eigentum an der Weinflasche übertrage." (+)

Zwischen O und F kommt eine (dingliche) Einigung zustande.

(2) Wirksamkeit des zustande gekommenen dinglichen Vertrages?

● Vertretungsmacht des S gem. § 164 I BGB (*Berechtigung*)?
(a) gesetzliche Vertretungsmacht[94] (-)
(b) rechtsgeschäftliche Vertretungsmacht?[95]
Vollmacht gem. § 166 II S. 1 BGB?
(1.) Vollmachtserteilung gem. § 167 I BGB (-)
[Sachverhaltsschilderung]
(2.) Ladenvollmacht gem. § 56 HGB?[96]

---

[91] Hinsichtlich der drei Grundvoraussetzungen einer wirksamen Stellvertretung vgl. Fn. 58.

[92] Der S gibt eine *eigene Willenserklärung* ab. Insofern tritt er nicht lediglich als Bote auf.

[93] Der S handelt nach der Sachverhaltsschilderung für F offensichtlich namens des O als dessen Angestellter (*Offenkundigkeit* der Stellvertretung).

[94] Es gibt keine (familienrechtliche) Regelung, wonach die Neffen gesetzliche Vertreter ihrer Onkel und Tanten sind.

[95] Hinsichtlich der Zuordnung von Vertretungsmacht durch Rechtsgeschäft vgl. Fn. 62.

[96] § 56 HGB begründet im Interesse des Verkehrsschutzes eine Vermutung für die Erteilung einer Vollmacht an den Ladenangestellten im Hinblick auf die Vornahme von Verkaufshandlungen (vgl. *Baumbach/Hopt*, HGB, 37. Aufl. 2016, § 56 Rn. 4). Der von dieser handelsrechtlichen Regelung ausgehende Rechtsschutz betrifft unausgesprochen Kaufleute als Ladeninhaber, ist aber auf Kleingewerbetreibende (ohne Kaufmannseigenschaft gem. § 2 HGB) analog anzuwenden (vgl. *Baumbach/Hopt*, HGB, 37. Aufl. 2016, § 56 Rn. 1). Durch klaren Hinweis im Laden, z.B. „Zahlung nur an der Kasse" ist die Ladenvollmacht jedoch ausschließbar; damit wird der von § 56 HGB geschützte Rechtsschein, also diese Art (gesetzlich fixierter) Rechtsscheinvollmacht (siehe nachfolgenden Fall 4), beseitigt.

|  |  |
|---|---|
| ▪ Laden oder offenes Warenlager[97] | (+) |
| [hier: Laden] | |
| ▪ Anstellung[98] | (+) |
| [● zunächst: keine Anstellung zu Verkaufszwecken (Buchhaltung); | |
| ● später: Kundenberatung im Verkaufsraum = Anstellung zu Verkaufszwecken] | |
| ▪ gewöhnlicher Verkauf[99] | (+) |
| [hier: Eigentumsübertragung an der aus dem Sortiment des O stammenden Weinflasche] | |
| Vertretungsmacht des S gem. § 164 I BGB | (+) |

               Die zwischen O und F zustande gekommene Einigung ist wirksam.

               2.) **Übergabe** (mit entsprechender Berechtigung)?     (+)

               [S gilt gem. § 56 HGB auch betreffs der Übergabe als berechtigt.]

               Eigentumsübertragung an F durch S gem. § 929 S. 1 BGB     (+)

               O ist noch Eigentümer der Weinflasche     (-)

               Anspruch ist nicht entstanden.

**Ergebnis 1:**     O kann von F die Herausgabe der Weinflasche gem. §§ 985, 986 BGB nicht verlangen.

**Obersatz 2:**     Möglicherweise kann O (**wer?**) von F (**von wem?**) Herausgabe der Weinflasche (**was?**) gem. § 812 I S. 1 Alt. 1 BGB (**woraus?**) verlangen.

**Lösungsweg:**     I. Anspruch entstanden?

               1. F hat etwas erlangt     (+)

               [Besitz und Eigentum an der Weinflasche (s.o.)]

---

[97] Hierunter ist eine Verkaufsstätte zu verstehen, die zum freien Eintritt für das Publikum und zum Abschluss von Geschäften bestimmt ist (vgl. *Baumbach/Hopt*, HGB, 37. Aufl. 2016, § 56 Rn. 1).

[98] Als Angestellter gilt jeder, der im Laden (Warenlager) mit Wissen und Willen des Inhabers an der Verkaufstätigkeit mitwirkt, gleich ob seine Hauptaufgaben ganz andere sind (vgl. BGH NJW 1975, S. 2191). Die Anstellung braucht nicht arbeitsvertraglich zu sein. Als nicht angestellt gelten jedoch diejenigen, die nicht zu Verkaufszwecken dort tätig sind – z.B. Reinigungskräfte – (vgl. *Baumbach/Hopt*, HGB, 37. Aufl. 2016, § 56 Rn. 2, 3).

[99] Die Formulierung „Verkäufe" in § 56 HGB ist untechnisch gemeint, d.h. dazu gehören auch die Entgegennahme von Mängelanzeigen, Ausstellung von Quittungen und eben auch die mit dem Verkauf verbundene Eigentumsübertragung (vgl. *Baumbach/Hopt*, HGB, 37. Aufl. 2016, § 56 Rn. 4).

2. durch Leistung[100] des O (+)

[Leistung aufgrund der Ladenvollmacht des S mit Wirkung für O[101]][102]

3. auf Kosten des O (+)

[O erleidet einen Eigentumsverlust (s.o.)]

4. ohne rechtlichen Grund (-)

[Rechtsgrund der Vermögensverschiebung ist der von S für O mit F geschlossene Kaufvertrag:

(1) Zustandekommen des Kaufvertrages?

▶ WE des F: „Ich verpflichte mich, die Weinflasche abzunehmen und zu bezahlen" (§ 433 II BGB) (+)

▶ WE seitens des S für O gem. § 164 I BGB[103]:

[● eigene WE des Stellvertreters; ● Offenkundigkeit der Stellvertretung]

„Ich – S – erkläre[104], dass sich O[105] verpflichtet, Dir – F – die Weinflasche zu übergeben und Dir das Eigentum an der Weinflasche zu verschaffen." (§ 433 I BGB) (+)

Zwischen O und F kommt ein Kaufvertrag zustande.

(2) Wirksamkeit des zustande gekommenen Kaufvertrages?

● Vertretungsmacht des S gem. § 164 I BGB (s.o.) (+)

Der zwischen O und F zustande gekommene Vertrag ist wirksam.]

Ergebnis 2: O kann von F die Herausgabe der Weinflasche gem. § 812 I S. 1 Alt. 1 BGB nicht verlangen.

---

[100] Leistung – bewusste und zweckgerichtete Vermehrung fremden Vermögens.

[101] Leistender und damit Bereicherungsgläubiger ist, wer nach der Zweckbestimmung der Beteiligten unmittelbar *oder über einen Dritten* (*Stellvertreter*) mit seinen Mitteln und auf seine Rechnung (*Vertretener*) etwas zuwendet (vgl. *Palandt/Sprau*, Bürgerliches Gesetzbuch, 75. Aufl. 2016, § 812 BGB Rn. 16).

[102] Die Tatsache, dass das, was der zur Herausgabe Verpflichtete (hier: F) erlangt hat (hier: Eigentum an der Weinflasche), von jemandem geleistet wurde (hier: O über das „Vertretungshandeln" des S), „versperrt" den Zugriff auf die Alt. 2 des § 812 I S. 1 BGB. Diese rechtliche Regelung kommt nur in Betracht, wenn der Bereicherungsgegenstand und die damit eingetretene Rechtslage dem Bereicherten von niemandem geleistet worden ist (*Subsidiaritätsprinzip* = Vorrang der Leistungsbeziehung!).

[103] Hinsichtlich der drei Grundvoraussetzungen einer wirksamen Stellvertretung vgl. Fn. 58.

[104] Der S gibt eine *eigene Willenserklärung* ab. Insofern tritt er nicht lediglich als Bote auf.

[105] Der S handelt nach der Sachverhaltsschilderung für F offensichtlich namens des O als dessen Angestellter (*Offenkundigkeit* der Stellvertretung).

**Fall 4:**

Geschäftsmann Gustav Gründlich (G) betreibt in Potsdam mit 8 Mitarbeitern und einem durchschnittlichen Jahresumsatz von 1,8 Mio. € ein Unternehmen zur Herstellung und zum Vertrieb von Bürokomplettausstattungen. Die Geschäfte laufen sehr gut; sogar so gut, dass durchaus genügend Arbeit für noch mehr Mitarbeiter vorhanden wäre. G begeht jedoch immer wieder den Fehler, viel zu viel Arbeit selber zu erledigen, anstatt sie an kompetente Mitarbeiter zu delegieren. So erledigt G stets höchstpersönlich die Bestellung benötigter Spezialwerkzeuge. Das führt jedoch mitunter dazu, das G nicht rechtzeitig entsprechende Bestellungen vornimmt und demzufolge die erforderlichen Werkzeuge nicht immer im erforderlichen Maße im Unternehmen vorhanden sind. Um hier den G zu entlasten, bestellt einfach der bei G angestellte Schwager Siegfried Schulz (S) mehrere Male dringend benötigtes Spezialwerkzeug namens des G beim Werkzeuglieferanten Lutz Lehmann (L).

Nachdem G bereits mehrere Rechnungen des L betreffs der von S vorgenommenen Bestellungen beglichen hatte, obwohl er eigentlich nicht nachvollziehen konnte, wann er derartige Werkzeuglieferungen geordert haben sollte, offenbaren sich dem G eines Tages die unerlaubten Machenschaften seines Schwagers S. G reagiert sehr verärgert und teilt daraufhin dem L mit, dass dieser sich betreffs der noch offenen Rechnungen bezüglich der von S bestellten Werkzeuge nunmehr an den S selber wenden müsse; er - G - sei rechtlich nicht zur Kaufpreiszahlung verpflichtet.

Von wem kann L die Begleichung der noch offenen Rechnungen betreffs der von S bestellten Spezialwerkzeuge fordern?

**Lösung:**

Fallproblematik: **rechtsgeschäftliche Vertretung (Rechtsscheinvollmacht)**

Obersatz zu a): Möglicherweise kann L (**wer?**) von G (**von wem?**) Zahlung des Kaufpreises (**was?**) aus § 433 II BGB (**woraus?**) verlangen.

Lösungsweg:  I. Anspruch entstanden?

Voraussetzung: wirksamer Kaufvertrag gem. § 433 BGB

1. Zustandekommen eines Kaufvertrages?[106]

Willensübereinkunft beider Vertragspartner:

▶ WE des L: „Ich verpflichte mich, Dir – G – die Spezialwerkzeuge zu übergeben und Dich zum Eigentümer der Waren zu machen."
(§ 433 I BGB)                                                                                                                          (+)

▶ WE seitens des S für G gem. § 164 I BGB[107]:

[• eigene WE d. Stellvertreters; • Offenkundigkeit d. Stellvertretung]

---

[106] Hinsichtlich der Voraussetzungen für das Zustandekommen eines Vertrages vgl. Fn. 57.

[107] Hinsichtlich der drei Grundvoraussetzungen einer wirksamen Stellvertretung vgl. Fn. 58.

„Ich – S – erkläre[108], dass der G[109] sich verpflichtet, die Spezialwerkzeuge abzunehmen zu bezahlen."

(§ 433 II BGB) (+)

Zwischen G und L kommt ein Kaufvertrag zustande.

2. Wirksamkeit des zustande gekommenen Kaufvertrages?[110]

- Vertretungsmacht des S gem. § 164 I BGB?
  - (a) gesetzliche Vertretungsmacht[111] (-)
  - (b) rechtsgeschäftliche Vertretungsmacht[112]
    - Vollmacht gem. § 166 II S. 1 BGB?
      - (1.) Vollmachtserteilung gem. § 167 I BGB (-)
      - (2.) Rechtsscheinvollmacht[113]?
        - (a) keine wirksame Vollmacht (+)
        - (b) objektiver Rechtsscheintatbestand (+)
          - [äußeres Geschehen lässt auf Bevollmächtigung schließen[114]]
        - (c) Zurechenbarkeit des Rechtsscheins?
          - (1) *Duldungsvollmacht*[115]? (-)
            - [keine Kenntnis und Duldung des Auftretens des S seitens des G]

---

[108] S gibt eine *eigene Willenserklärung* ab. Insofern tritt er nicht lediglich als Bote auf.

[109] S handelt nach der Sachverhaltsschilderung für L offensichtlich namens des G (*Offenkundigkeit* der Stellvertretung).

[110] Hinsichtlich der Prüfung der Wirksamkeit eines zustande gekommenen Vertrages vgl. Fn. 61.

[111] Beispiele für die gesetzliche Zuordnung von Vertretungsmacht: Eltern für ihre minderjährigen Kinder gem. § 1629 BGB, der Vorstand eines Vereins gem. § 26 BGB, der Geschäftsführer einer GmbH gem. § 35 GmbHG.

[112] Zur Zuordnung von Vertretungsmacht durch Rechtsgeschäft vgl. Fn. 62.

[113] Rechtsscheinvollmachten beruhen auf dem Gedanken des Vertrauensschutzes und werden in Anlehnung an den in den §§ 170 ff. BGB ausgedrückten Rechtsgedanken hergeleitet. Sie sind inzwischen zu Gewohnheitsrecht erstarkt (vgl. *Palandt/Ellenberger*, Bürgerliches Gesetzbuch, 75. Aufl. 2016, § 172 BGB Rn. 7). Ausdrücklich rechtlich geregelt ist eine solche Rechtsscheinvollmacht in Form der *Ladenvollmacht* (vgl. Fall 3) in § 56 HGB (vgl. *Baumbach/Hopt*, HGB, 37. Aufl. 2016, § 56 Rn. 4).

[114] Von diesem Tatbestand kann eindeutig ausgegangen werden, da der Sachverhalt schildert, dass G bereits mehrere Rechnungen des L betreffs der von S vorgenommenen Bestellungen beglichen hat.

[115] Eine *Duldungsvollmacht* ist gegeben, wenn der Vertretene es wissentlich geschehen lässt, dass ein anderer für ihn wie ein Vertreter auftritt und der Geschäftsgegner dieses Dulden nach Treu und Glauben dahin versteht und auch verstehen darf, dass der als Vertreter Handelnde bevollmächtigt ist (vgl. BGH NJW 2002, S. 2325, 2327).

> (2) *Anscheinsvollmacht*[116]? (+)
> [Vertretener (G) kennt Verhalten des
> Scheinvertreters (S) zwar nicht, hätte es
> aber als „ordentlicher Kaufmann" i.S.d.
> § 347 HGB[117] erkennen und vermeiden
> können[118]]
> Vertretungsmacht des S gem. § 164 I BGB (+)

Der zwischen G und L zustande gekommene Kaufvertrag ist wirksam.
Anspruch ist entstanden.

II. Anspruch nicht untergegangen? (+)
   [G kann gegen den Anspruch des L keine rechtsvernichtenden
   Einwendungen[119] vortragen.]

III. Anspruch durchsetzbar? (+)
   [G kann gegen den Anspruch des L keine rechtshemmenden
   Einreden[120] vortragen.]

Ergebnis: L kann von G Zahlung des Kaufpreises für die noch nicht bezahlte Lieferung von Spezialgeräten gem. § 433 II BGB verlangen.

---

[116] Eine *Anscheinsvollmacht* liegt vor, wenn der Vertretene das Handeln des Scheinvertreters nicht kennt, er es bei aber bei pflichtgemäßer Sorgfalt hätte erkennen und verhindern können und der andere Teil annehmen durfte, der Vertretene billige und dulde das Verhalten des Vertreters (vgl. BGH NJW 2007, S. 987, 989).

[117] § 347 HGB ergänzt § 276 II BGB und regelt die besondere Sorgfalt des ordentlichen Kaufmanns, eines „Idealtyps", dessen Sorgfalterwartung im Rechtsverkehr vielfach größer als die von einem „gewöhnlichen ordentlichen Rechtsgenossen" verlangte Sorgfalt ist (vgl. *Baumbach/Hopt*, HGB, 37. Aufl. 2016, § 347 Rn. 1).

[118] G handelt als Geschäftsmann fahrlässig, wenn er unklare Rechnungen bezahlt, deren vertragliche Grundlage er nicht genau bestimmen kann.

[119] Hinsichtlich der Prüfung von (rechtsvernichtenden) Einwendungen vgl. Fn. 49.

[120] Bei der Prüfung von *(rechtshemmenden) Einreden* geht es darum, zu untersuchen, inwiefern die (gerichtliche) Durchsetzung eines entstandenen und (noch) nicht untergegangenen Rechts dauernd (peremptorisch) oder zumindest zeitweilig (dilatorisch) gehindert wird. Die Nichtdurchsetzbarkeit eines entstandenen und (noch) nicht untergegangenen Anspruchs geschieht beispielsweise dauerhaft gem. § 214 BGB aufgrund eingetretener Verjährung (§§ 194 ff. BGB – hier: § 438 I Nr. 3, II BGB = 2 Jahre –) und zeitweilig gem. § 320 BGB aufgrund der Tatsache, dass auf der Grundlage eines gegenseitigen Vertrages (Leistung/Gegenleistung) der Inhaber eines Vertragsanspruchs seinerseits noch vertragliche Verpflichtungen dem anderen Vertragspartner gegenüber „offen" hat. Einreden sind subjektive Rechte, die nur dann vom Richter im Prozess beachtet werden, wenn der Inhaber eines solchen Einrederechts dieses auch tatsächlich geltend macht (man muss sie dem Richter „einreden").

**Fall 5:**

Gabi Schulz betreibt unter der Firma „Gabi Schulz Lederwaren e. Kfr." ein recht einträgliches Unternehmen.

Beurteilen Sie aus firmen- und haftungsrechtlicher Sicht folgende Veränderungen:

a) Gabi Schulz möchte das Unternehmen an den Max Müller (M) veräußern. Dieser stellt jedoch folgende Bedingungen: Er will die im Handelsregister eingetragene Firmierung des Unternehmens „Gabi Schulz Lederwaren e. Kfr." beibehalten, ohne jedoch die Altschulden des erworbenen Unternehmens mit zu übernehmen.

b) Gabi Schulz hingegen will das Unternehmen an den Max Müller nur unter der Maßgabe veräußern, dass sie betreffs ihrer mit dem Unternehmen begründeten Altverbindlichkeiten von ihren Gläubigern überhaupt nicht mehr zur Haftung herangezogen werden kann, sondern diesbezüglich nur noch der Max Müller zur Verfügung steht.

c) Nachdem die beiden zu keinem Ergebnis gelangten, entwickelt Gabi Schulz eine neue Strategie. Sie möchte nunmehr ihr Unternehmen nicht mehr vollständig aufgeben, aber auch nicht mehr allein die Verantwortung tragen. Deshalb will sie den Max Müller als gleichberechtigten Teilhaber in ihr Unternehmen mit aufnehmen. Diesbezüglich geht Max Müller ganz selbstverständlich davon aus, dass er bei einem solchen Eintritt in das Unternehmen nur für die Verbindlichkeiten einstehen müsse, die er selber begründet und nicht für die Altschulden der Gabi Schulz haftbar gemacht werden könne.

d) Der bislang noch nicht vollzogene Beitritt des Max Müller in das einzelkaufmännische Unternehmen der Gabi Schulz soll sich nunmehr nach den neuesten Vorstellungen der Gabi Schulz dergestalt vollziehen, dass mit Einverständnis des Max Müller die Gabi Schulz nur noch als beschränkt haftende Kommanditistin in dem gemeinsamen Unternehmen agiert. Wie sähe unter diesem Gesichtspunkt der Haftungszugriff der „Alt-Gläubiger" der Gabi Schulz aus?

e) Nachdem Gabi Schulz und Max Müller nun doch ein gemeinsames kaufmännisches Unternehmen gegründet haben, bei dem beide gleichermaßen nach außen unbeschränkt haften, möchte ein Jahr später noch der Franz Lehmann als gleichberechtigter Mitinhaber in das gut laufende gemeinsame Unternehmen von Gabi Schulz und Max Müller eintreten. Dabei fordert dieser eine verbindliche Festlegung, wonach er für die von Gabi Schulz und Max Müller begründeten Altverbindlichkeiten des Unternehmens von außenstehenden Gläubigern nicht zur Haftung herangezogen werden kann.

f) Diesen beabsichtigten Beitritt des Franz Lehmann als Mitinhaber des gemeinsamen Unternehmens von Gabi Schulz und Max Müller will die Gabi Schulz nutzen, um ihre Vorstellungen betreffs einer nur beschränkten Haftung doch noch Realität werden zu lassen. Deshalb nimmt sie den Franz Lehmann als Teilhaber in ihr Unternehmen nur mit der Maßgabe auf, dass dieser unbeschränkt und sie selber nur noch mit der beschränkten Haftung einer Kommanditistin betreffs ihrer bis dahin begründeten Altverbindlichkeiten in Erscheinung tritt. Sowohl ihr derzeitiger Mitstreiter Max Müller als auch der neue Gesellschafter Franz Lehmann sind mit dieser neuen Rolle der Gabi Schulz im Unternehmen einverstanden.

g) Ein halbes Jahr später fasst Gabi Schulz den Entschluss, sich doch ganz aus dem Geschäftsleben zu verabschieden, indem sie das Unternehmen im Einvernehmen mit Max Müller und Franz Lehmann verlässt. Wie stellt sich hier die Haftung der Gabi Schulz betreffs ihrer „Altschulden" dar?

**Lösung:**

Fallproblematik: **Inhaberwechsel eines kaufmännischen Unternehmens**

Obersatz zu a): Es ist zu prüfen, ob M das Unternehmen der Gabi Schulz unter Weiterführung der Firma „Gabi Schulz Lederwaren e. Kfr." erwerben kann, ohne die Altschulden[121] des erworbenen Unternehmens mit zu übernehmen.

Lösungsweg: 1. Veräußerung des Unternehmens der Gabi Schulz an M
- kausales (schuldrechtliches) Verpflichtungsgeschäft:
  Kaufvertrag gem. §§ 433 ff. BGB[122]

  a) Kauf von Unternehmensanteilen (share deal)
    = Rechtskauf gem. § 453 I Alt. 1 BGB
  b) Kauf des gesamten Unternehmens (asset deal)
    = Unternehmen als sonstiger Gegenstand gem. § 453 I Alt. 2 BGB

- abstrakte (dingliche) Verfügungsgeschäfte:
  - Eigentumsübertragung der Firmengrundstücke
    [Auflassung (§ 925 BGB) und Grundbucheintragung (§ 873 I BGB)]
  - Eigentumsübertragung der Maschinen, Anlagen, Warenlager usw.
    [Übereignung gem. §§ 929 ff. BGB]
  - Übertragung von Urheberrechten, gewerblichen Schutzrechten usw.
    [Abtretung gem. §§ 398 ff. BGB]
- Eintritt in die bestehenden Arbeitsverträge gem. § 613a BGB

2. Firmenfortführung durch M?[123]

§ 22 I HGB: wenn Gabi Schulz einwilligt                                              (+)

---

[121] Hierbei geht es um die seitens der Gabi für ihr Unternehmen begründeten Verbindlichkeiten (Schulden).

[122] Gegenstand des Kaufvertrages ist das Unternehmen in seiner Gesamtheit als Träger handelsgeschäftlicher Betätigung.

[123] Da beim Erwerb eines kaufmännischen Unternehmens nicht nur die rein materielle Unternehmenssubstanz (Grundstücke, Maschinen, Anlagen usw.) von Interesse ist, sondern auch die errungene Marktposition („good will") des Unternehmens, die sich in dessen „guten Namen" widerspiegelt, gestattet das Firmenrecht (vgl. § 22 HGB) bei Veräußerung des Unternehmens die Fortführung der alten Firmenbezeichnung (*Prinzip der Firmenbeständigkeit*). Zu beachten ist aber, dass dies gem. § 23 HGB immer nur in Verbindung mit dem Erwerb der materiellen Unternehmenssubstanz geschehen kann. Der bloße Erwerb der Firma, also nur des „guten Namens" eines kaufmännischen Unternehmens, ohne die dahinter stehende handelsgeschäftliche „Substanz", ist ausdrücklich verboten. In der Rechtspraxis kann dieses Veräußerungsverbot jedoch durch den sog. „Mantelkauf" (Kauf sämtlicher Anteile einer nicht mehr werbend tätigen GmbH) umgangen werden.

### 3. Haftung des M für die Altschulden der Gabi Schulz?

3.1 Grundsatz: § 25 I S. 1 HGB = gesetzlicher Schuldbeitritt[124]

3.2 Ausnahme: § 25 II HGB = vertraglicher Haftungsausschluss[125]     (+)
[Vereinbarung + Handelsregistereintragung/Mitteilung an Dritte]

Ergebnis zu a): M kann gem. § 22 I HGB das erworbene Unternehmen mit Einwilligung der Gabi Schulz unter der alten Firmenbezeichnung weiterführen. Diesbezüglich können Gabi Schulz und M gem. § 25 II HGB auch die Vereinbarung treffen, dass, abweichend von dem in § 25 I S. 1 HGB geregelten „Kontinuitätsgrundsatz" (gesetzlicher Schuldbeitritt des Erwerbers in die Altschulden des Veräußerers bei Firmenfortführung), M die alte Firmenbezeichnung fortführt, ohne jedoch der Haftung der Gabi Schulz für ihre „Altschulden" beizutreten. Wird eine solche vom Grundsatz abweichende Willensübereinkunft auch, insbesondere durch entsprechende Handelsregistereintragung, nach außen kundgetan, steht nur die Gabi Schulz als alleinige Schuldnerin ihren „Altgläubigern" (unbefristet) zur Verfügung.

---

[124] Mit diesem Grundsatz des Haftungseintritts des Erwerbers in die „Altschulden" des Veräußerers – was bei der Bewertung des Unternehmens und der Bestimmung des Kaufpreises natürlich Berücksichtigung finden muss – erfasst der Gesetzgeber die durch die Firmenfortführung nach außen sich darstellende *Kontinuität* des Unternehmens. Aus der Sicht des Schutzes der Gläubiger dieser „Altschulden" haftet daneben selbstverständlich auch noch der Unternehmensveräußerer weiter, denn die Rechtsfolge der Geschäfts- und Firmenfortführung nach § 25 I S. 1 HGB ist ein gesetzlicher Schuldbeitritt (vgl. *Baumbach/Hopt*, HGB, 37. Aufl. 2016, § 25 Rn. 10) und nicht eine gänzliche Schuldübernahme i.S.d. §§ 414 ff. BGB (Schuldnerwechsel), da hierzu ja die Zustimmung der Gläubiger erforderlich wäre. Erwerber und Veräußerer stehen den „Altgläubigern" als Gesamtschuldner zur Verfügung. Auf der Basis dieser gesamtschuldnerischen Haftung gem. § 421 BGB privilegiert der Gesetzgeber den Veräußerer jedoch dahingehend, dass er dessen Haftung betreffs der „Altschulden" gem. § 26 I HGB auf fünf Jahre befristet. Diese Regelung wurde 1994 durch das NachhBG eingeführt (vgl. Fn. 296). Es handelt sich hierbei um eine Ausschlussfrist, die die Geltendmachung von voll wirksamen (noch nicht verjährten) Ansprüchen auf diesen Fünf-Jahreszeitraum begrenzt. Oftmals tritt aber bereits vor Ablauf dieser Frist Verjährung (vgl. § 195 BGB) ein, so dass also schon vor dem Ende dieser Frist die Durchsetzbarkeit eines „Altgläubigeranspruchs" i.S.d. § 214 I BGB (Leistungsverweigerungsrecht infolge der Einrede der Verjährung) gar nicht mehr möglich ist (auch nicht gegenüber dem gem. § 25 I S. 1 HGB schuldbeitretenden Erwerber des Unternehmens).

[125] Der Gesetzgeber gestattet gem. § 25 II HGB eine Abweichung von dem Grundsatz des Haftungsbeitritts des Erwerbers in die „Altschulden" des Veräußerers bei Firmenfortführung. Die rechtliche Wirkung dieser Möglichkeit vertraglicher Übereinkunft zwischen Veräußerer und Erwerber entfaltet sich aber nur, wenn diese *Diskontinuität* („Firmenfortführung" ohne „Haftungsfortführung") auch durch entsprechende ausdrückliche Kundmachung nach außen eindeutig dargestellt wird. Als Schuldner präsentiert sich dann einzig und allein der Veräußerer als „Altschuldner" und zwar <u>ohne</u> das Privileg einer nur noch befristeten Haftung i.S.d. § 26 I HGB.

Obersatz zu b): Es ist zu prüfen, ob Gabi Schulz ihr Unternehmen dem M derart veräußern kann, dass sie betreffs der durch sie begründeten Altschulden[126] von ihren Gläubigern gar nicht mehr zur Haftung herangezogen werden kann.

Lösungsweg: Veräußerung des Unternehmens der Gabi Schulz an M
[vgl. Ausführungen unter a)]

1. *vollständige Haftungsbefreiung* der Gabi Schulz nach dem BGB:

(vollständige) Schuldübernahme durch M[127]
- § 414 BGB
  [vertragliche Übereinkunft zwischen M und den „Altgläubigern"]
- § 415 BGB
  [vertragliche Übereinkunft zwischen M und Gabi Schulz
  + Genehmigung der „Altgläubiger"]

2. *Haftungsprivilegierung* der Gabi Schulz nach dem HGB:

Haftungsbeitritt des M in die Altschulden der Gabi Schulz
- gem. § 25 I S. 1 HGB
  [Firmenfortführung + keine abweichende Vereinbarung
  gem. § 25 II HGB]
- gem. § 25 III HGB
  [keine Firmenfortführung + Vereinbarung der Übernahme der Verbindlichkeiten + Bekanntmachung durch M]

Rechtsfolgen:
⟶ gemeinsame Haftung von M und Gabi Schulz
   [Gesamtschuldner gem. § 421 BGB]
⟶ Haftungsprivileg der Gabi Schulz
   [deren Haftung ist auf 5 Jahre befristet gem. § 26 I HGB]

---

[126] Hierbei geht es um die seitens der Gabi für ihr Unternehmen begründeten Verbindlichkeiten (Schulden).

[127] Eine vollständige Schuldübernahme seitens des M und eine damit einhergehende vollständige Haftungsbefreiung der Gabi Schulz kann im Zuge des Inhaberwechsels nur gelingen, wenn alle Gläubiger der „Altschulden" sich gem. §§ 414 ff. BGB mit einem entsprechenden Schuldnerwechsel einverstanden erklären. Das wird jedoch in aller Regel in der Rechtspraxis nicht geschehen, weil ein Gläubiger nicht so ohne weiteres eine für sich vorteilhafte Rechtslage freiwillig aufgibt, die sich aus den §§ 25 bis 28 HGB ableiten lässt. Diese speziellen Regelungen, die die Auswirkungen von Veränderungen des Unternehmensträgers auf die mit dem Handelsgeschäft in Verbindung stehenden Gläubiger und Schuldner zum Gegenstand haben, sind nämlich, neben der Nachhaftungsbegrenzung des „Altschuldners" (5 Jahre!), insbesondere auf den Schutz der „Altgläubiger" ausgerichtet.

> 3. Exkurs: *vollständiger Haftungserhalt* der Gabi Schulz[128]:
> - ▶ gem. § 25 I S. 1 HGB (Umkehrschluss)[129]
>   [keine Firmenfortführung + keine abweichende Vereinbarung gem. § 25 III HGB]
> - ▶ gem. § 25 I S. 1, II HGB
>   [Firmenfortführung + abweichende Vereinbarung gem. § 25 II HGB]

Ergebnis zu b): Eine vollständige Befreiung der Haftung der Gabi Schulz gegenüber ihren „Altgläubigern" im Zuge der Veräußerung des Unternehmens an M käme nur zum Tragen, wenn diese Gläubiger gem. §§ 414, 415 BGB einer vollständigen Schuldübertragung auf M (Schuldnerwechsel) ihre Zustimmung geben würden. Da die „Altgläubiger" auf diese Art und Weise ihre vom Gesetzgeber bestimmte „komfortable" Rechtsposition des Haftungszugriffs sowohl auf den Alt- als auch auf den Neuinhaber des veräußerten Unternehmens „ohne Not" aufgeben würden, ist in der Praxis davon auszugehen, dass eine solche vollständige Haftungsbefreiung nicht gelingen wird. Insofern könnte sich die Gabi Schulz gem. § 25 I S. 1 bzw. III HGB i.V.m. § 26 I HGB allenfalls ein Haftungsprivileg dahingehend verschaffen, dass sie betreffs ihrer Altschulden den Gläubigern nur noch über einen Zeitraum von 5 Jahren haftungsrechtlich zur Verfügung steht.[130]

---

[128] Diesbezüglich geht es um einen Inhaberwechsel, bei dem der Erwerber (hier: M) nicht in die Haftung des Veräußerers (hier: Gabi Schulz) betreffs der „Altschulden" eintritt, so dass keine gesamtschuldnerische Haftung von Veräußerer und Erwerber gem. § 421 BGB entsteht (vgl. Fn. 124). Insofern bleibt der Veräußerer als (ursprünglicher) Schuldner den „Altgläubigern" auch in der ursprünglichen Rechtsposition (ohne Haftungsprivileg gem. § 26 I HGB) unbefristet erhalten. Das heißt, dass die „Altgläubiger" ihre voll wirksamen, also noch nicht verjährten Ansprüche gegenüber dem Veräußerer ohne zeitliche Begrenzung erfolgreich durchsetzen können.

[129] Die Erwerberhaftung entfällt (grundsätzlich) auch dann, wenn das übernommene Unternehmen in das bereits bestehende Unternehmen des Erwerbers eingegliedert und unter dessen Firma fortgeführt wird (vgl. *Thiessen*, in: Münchener Kommentar zum HGB, Band 1, 4. Aufl. 2016, § 25 Rn. 57).

[130] Innerhalb dieses privilegierten (zeitlich begrenzten) Nachhaftungszeitraums von 5 Jahren (beginnend mit dem Ende des Tages der entsprechenden Eintragung des neuen Inhabers in das Handelsregister) kommt dem Veräußerer eines kaufmännischen Unternehmens aber obendrein noch das Verjährungsrecht zugute, da ja ohnehin die meisten Ansprüche der Regelverjährung von 3 Jahren (§ 195 BGB) unterliegen und insofern bereits vor dem Ende der 5-Jahresfrist die Durchsetzbarkeit eines „Altgläubigeranspruchs" (gegenüber niemandem) mehr möglich wäre (vgl. § 214 I BGB = dauerhaftes Leistungsverweigerungsrecht).

| | |
|---|---|
| Obersatz zu c): | Es ist, auch aus firmenrechtlicher Sicht, zu prüfen, ob M in das Unternehmen der Gabi Schulz als gleichberechtigter Teilhaber eintreten kann, ohne für die Altschulden der Gabi Schulz haften zu müssen. |
| Lösungsweg: | 1. Firmenfortführung?<br>▶ § 24 HGB: Prinzip der Firmenbeständigkeit[131]<br>[„Gabi Schulz Lederwaren ..."]<br>▶ § 19 HGB: Prinzip der Firmenwahrheit[132]<br>hier: aus einzelkaufmännischem Unternehmen der Gabi Schulz wird eine OHG[133]<br>§ 19 I Nr. 2 HGB = Zusatz: OHG [„Gabi Schulz Lederwaren OHG"]<br>2. Haftung des M für die Altschulden der Gabi Schulz?<br>2.1 Grundsatz: § 28 I S. 1 HGB = Schuldbeitritt der Gesellschaft (OHG) und damit Haftung eines jeden Gesellschafters (also auch des M) gem. § 128 HGB i.V.m. § 421 BGB[134]<br>2.2 Ausnahme: § 28 II HGB = vertraglicher Haftungsausschluss des M[135]<br>[Vereinbarung + Handelsregistereintragung/Mitteilung an Dritte] |

---

[131] Zum *Prinzip der Firmenbeständigkeit* vgl. Fn. 123. Beachte hier aber § 19 I HGB: „Die Firma muss, auch wenn sie nach §§ 21, 22, 24 ... fortgeführt wird, enthalten ..." (*Prinzip der Firmenwahrheit*!).

[132] Die *Firmenwahrheit* in Bezug auf die Gesellschafts- und Haftungsverhältnisse ist der praktisch wichtigste Firmengrundsatz, der sich auch in dem in § 18 II HGB geregelten Irreführungsverbot klar und deutlich widerspiegelt (vgl. BGHZ 53, 65, 66). Es gilt für die Firmen aller Unternehmensformen - bei Neubildung ebenso wie bei nachträglicher Veränderung - und umfasst die gesamte Firma - also Firmenkern und Firmenzusätze -.

[133] Durch den vertraglichen Zusammenschluss von Gabi Schulz und M zum Zwecke der Ausübung gewerblicher Tätigkeit entsteht eine Gesellschaft, für die in Ermangelung weiterer vertraglicher Übereinkünfte nur die Rechtsform der OHG infrage kommt, wenn dieses Unternehmen weiterhin kaufmännisch agieren soll. Die für Personengesellschaften als Prototyp in den §§ 705 ff. BGB geregelte Gesellschaft bürgerlichen Rechts (GbR) käme nur in Betracht, wenn auf der Grundlage des Zusammenschlusses der beiden das neue Unternehmen sich lediglich kleingewerblich betätigen würde. Dann hätte das neue Unternehmen aber nicht wie das bisherige (e. Kfr.) Kaufmannseigenschaft (vgl. § 105 II HGB).

[134] Leitgedanke des § 28 HGB ist wie bei der Parallelnorm des § 25 HGB die *Kontinuität* des Unternehmens nach außen (vgl. Fn. 124), allerdings hier beschränkt auf die Fortführung des Handelsgeschäfts auch ohne Beibehaltung der Firma. Die Rechtsfolge der Geschäftsfortführung ist ein gesetzlicher Schuldbeitritt, d.h., es haftet der frühere Alleininhaber für die Altverbindlichkeiten unbeschränkt weiter und daneben tritt die Haftung als Gesellschafter nach § 128 HGB. (Vgl. *Baumbach/Hopt*, HGB, 37. Aufl. 2016, § 28 Rn. 1, 5).

[135] Die Regelung entspricht § 25 II HGB (vgl. entsprechende Ausführungen unter a) bei Fn. 125).

Ergebnis zu c): M könnte in das einzelkaufmännische Unternehmen der Gabi Schulz als gleichberechtigter Teilhaber dergestalt eintreten, dass die kaufmännische Rechtsform einer OHG entsteht, was sich in der Firmenbezeichnung gem. § 19 I Nr. 2 HGB entsprechend niederschlagen müsste („Gabi Schulz Lederwaren OHG").

Diesbezüglich könnte M aber nicht ganz selbstverständlich davon ausgehen, dass er mit diesem Beitritt nur für die Verbindlichkeiten einstehen müsste, die er fortan selber begründet. Vielmehr müssten Gabi Schulz und M hierzu gem. § 28 II HGB ausdrücklich die Vereinbarung treffen, dass, abweichend von dem in § 28 I S. 1 HGB geregelten „Kontinuitätsgrundsatz"[136], kein gesetzlicher Schuldbeitritt der OHG in die Altschulden der Gabi Schulz stattfindet und M demzufolge auch nicht als Gesellschafter gem. § 128 HGB i.V.m. § 421 BGB für diese Verbindlichkeiten haftet. Eine solche Übereinkunft müsste dann, um rechtliche Wirksamkeit zu erlangen, nach außen kundgetan werden (insbesondere durch entsprechende Handelsregistereintragung).

Obersatz zu d): Es ist, auch aus firmenrechtlicher Sicht, zu prüfen, welchen Haftungszugriff die „Alt-Gläubiger" der Gabi Schulz hätten, wenn diese durch den Beitritt des M in ihr einzelkaufmännisches Unternehmen nur noch als beschränkt haftende Kommanditistin in Erscheinung treten würde.

Lösungsweg: 1. Firmenfortführung?

▶ § 24 HGB: Prinzip der Firmenbeständigkeit[137]
[„Gabi Schulz Lederwaren ..."]

▶ § 19 HGB: Prinzip der Firmenwahrheit[138]
hier: aus einzelkaufmännischem Unternehmen der Gabi Schulz wird eine KG[139]

§ 19 I Nr. 3 HGB = Zusatz: KG [„Gabi Schulz Lederwaren KG"]

---

[136] Grundsätzlich regelt § 28 I S. 1 HGB den Schuldbeitritt der entstehenden Gesellschaft (hier: OHG) in die Altschulden des ehemaligen Einzelkaufmanns (hier: Gabi Schulz) und damit den Eintritt des Teilhabers (hier: M) als persönlich haftender Gesellschafter in diese Verbindlichkeiten gem. § 128 HGB i.V.m. § 421 BGB.

[137] Hinsichtlich des Prinzips der Firmenbeständigkeit vgl. Fn. 123.

[138] Betreffs des Grundsatzes der Firmenwahrheit vgl. Fn. 132.

[139] Vgl. Fn. 133. Hier käme aufgrund der beabsichtigten neuen Rechtsstellung der Gabi Schulz als beschränkt haftende Kommanditistin nur die (kaufmännische) Gesellschaftsform „Kommanditgesellschaft" (KG) infrage.

2. Haftung des M und Weiterhaftung der Gabi Schulz betreffs der Altschulden?

2.1 Grundsatz: § 28 I S. 1 HGB = Schuldbeitritt der Gesellschaft (KG) und damit Haftung eines jeden Gesellschafters[140]:

▶ M haftet unbeschränkt als Komplementär gem. §§ 161 II, 128 HGB i.V.m. § 421 BGB

▶ Gabi Schulz als (eigentlich) gem. § 171 I HGB nur beschränkt haftende Kommanditistin[141] haftet ebenfalls für ihre Altschulden unbeschränkt[142] gem. § 176 I S. 1 HGB analog

2.2 Spezialregelung: § 28 III HGB = Begrenzung der (vollen) Haftung der Gabi Schulz gem. § 26 I HGB auf 5 Jahre[143]

Ergebnis zu d): Wenn M in das einzelkaufmännische Unternehmen der Gabi Schulz dergestalt eintreten würde, dass diese nur noch als beschränkt haftende Kommanditistin in Erscheinung träte, müsste die Gesellschaftsform einer KG entstehen, was sich in der Firmenbezeichnung gem. § 19 I Nr. 3 HGB entsprechend niederschlagen müsste („Gabi Schulz Lederwaren KG").
Auf dieser Grundlage wäre dann die gem. § 176 I S. 1 HGB analog unbeschränkte Haftung der Gabi Schulz für ihre Altschulden gem. § 28 III HGB i.V.m. § 26 I HGB auf 5 Jahre begrenzt.

---

[140] Zum § 28 HGB als Sonderfall von § 25 HGB vgl. Fn. 134.

[141] Die KG entspricht der OHG mit dem einzigen Unterschied, dass in der KG neben mindestens einem persönlich (voll) haftenden Gesellschafter (*Komplementär*) noch mindestens ein nur mit seiner Einlage beschränkt haftender Gesellschafter (*Kommanditist*) agiert (vgl. *Baumbach/Hopt*, HGB, 37. Aufl. 2016, § 161 Rn. 1).

[142] Ausgehend vom Leitgedanken der *Kontinuität* des Unternehmens nach außen (vgl. Fn. 134) und der damit verbundenen Rechtsfolge des gesetzlichen *Schuldbeitritts* haftet der frühere Alleininhaber, neben der Haftung als Gesellschafter nach § 128 HGB, für die Altverbindlichkeiten unbeschränkt weiter.

[143] § 28 III S. 3 HGB stellt jedoch (noch einmal) klar, dass die zeitliche Begrenzung der (unbeschränkten) Nachhaftung des früheren Geschäftsinhabers, der Kommanditist wird, nur die „Altschulden"-Haftung und nicht die nach der ordnungsgemäßen KG-Gründung entstehende (beschränkte) Kommanditistenhaftung nach § 171 I HGB betreffs der dann begründeten „Neuschulden" des Unternehmens betrifft.

| | |
|---|---|
| Obersatz zu e): | Es ist zu prüfen, ob Franz Lehmann der von Gabi Schulz und Max Müller gegründeten OHG[144] beitreten kann, ohne für die Altverbindlichkeiten des Unternehmens haften zu müssen. |
| Lösungsweg: | Haftungsbeitritt des Franz Lehmann? |

▶ § 130 I HGB

Haftung gem. § 128 HGB i.V.m. § 421 BGB

auch betreffs der Altschulden der OHG[145]

▶ § 130 II HGB

abweichende Vereinbarung (Haftungsfreistellung des Franz Lehmann)

- nach außen gegenüber den (Alt-)Gläubigern der OHG:

  keine rechtl. Wirkung (Franz Lehmann haftet gem. § 130 I HGB)[146]

- im Innenverhältnis der drei OHG-Gesellschafter zueinander:

  i.S.d. § 426 I BGB (interne Ausgleichsverpflichtung der Gesellschafter untereinander) rechtlich von Bedeutung[147]

| | |
|---|---|
| Ergebnis zu e): | Mit dem Beitritt des Franz Lehmann in die bereits bestehende OHG von Gabi Schulz und M unterwirft sich dieser gem. § 130 I HGB unausweichlich auch der Haftung gem. § 128 HGB i.V.m. § 421 BGB betreffs der bereits bestehenden „Altverbindlichkeiten" des Unternehmens. |

---

[144] Nach der Sachverhaltsschilderung haben Gabi Schulz und M ein gemeinsames kaufmännisches Unternehmen gegründet, bei dem beide gleichermaßen nach außen unbeschränkt haften. Ein solcher kaufmännischer Personenzusammenschluss stellt sich gem. § 105 HGB (ausschließlich) in der Rechtsform einer OHG dar.

[145] Die Regelung in § 130 HGB schreibt den in den §§ 25 I und 28 I HGB geregelten „Kontinuitätsgrundsatz" (vgl. Fn. 124, 134) für den Eintritt eines Gesellschafters in eine OHG fort.

[146] Eine Ausnahme wie in §§ 25 II und 28 II HGB ist für die OHG nicht vorgesehen. Es soll sichergestellt werden, dass jeder Gesellschafter, wann immer er der Gesellschaft beigetreten ist, für sämtliche Gesellschaftsschulden nach außen einheitlich haftet, ohne dass es auf den Unterschied zwischen Altverbindlichkeiten und Neuverbindlichkeiten ankäme (vgl. *Schmidt*, in: Münchener Kommentar zum HGB, Band 2, 4. Aufl. 2016, § 130 Rn. 1).

[147] Würde Franz Lehmann von einem „Altgläubiger" i.S.d. § 130 I HGB gem. § 128 HGB i.V.m. § 421 BGB betreffs einer Schuld, die vor seinem Beitritt in die OHG begründet wurde, zur Haftung herangezogen werden, könnte er auf der Grundlage der im Gesellschaftsvertrag verankerten Haftungsfreistellung betreffs seines Eintritts in die OHG zwar nicht der „Außenhaftung" entgehen, jedoch auf der Grundlage des § 426 I S. 1 BGB von den beiden anderen Gesellschaftern (Gabi Schulz und M) zumindest einen *vollständigen* Haftungsausgleich verlangen. Das heißt, dass Franz Lehmann, aufgrund der Tatsache, dass mit dessen Haftungsfreistellung „...*ein anderes* (entgegen dem in § 426 I S. 1 BGB geregelten Grundsatz) *bestimmt...*" wurde, nicht, wie ansonsten betreffs einer gesamtschuldnerischen Haftung gem. § 421 BGB üblich, auf einem eigenen quotenmäßigen Haftungsanteil „sitzen bleiben" würde.

Eine mit seinem Eintritt in die OHG im Gesellschaftsvertrag verankerte Haftungsfreistellung des Franz Lehmann hätte jedoch zur Folge, dass er bei einer entsprechenden Inanspruchnahme seiner Person seitens eines „Altgläubigers", entgegen dem in § 426 I S. 1 BGB geregelten Grundsatz eines nur „quotenmäßigen" Haftungsausgleichs[148], von den beiden anderen Gesellschaftern (Gabi Schulz und M) einen vollständigen Regress verlangen könnte.

Obersatz zu f): Es ist, auch aus firmenrechtlicher Sicht, zu prüfen, inwiefern mit dem Beitritt des Franz Lehmann in den „Haftungsverbund" der OHG von Gabi Schulz und M die Gabi Schulz ihre Vorstellungen hinsichtlich einer nur noch beschränkten Haftung als Kommanditistin betreffs ihrer „Altschulden" realisieren kann.

Lösungsweg:  1. Firmenfortführung?
▶ § 24 HGB: Prinzip der Firmenbeständigkeit[149]
[„Gabi Schulz Lederwaren ..."]
▶ § 19 HGB: Prinzip der Firmenwahrheit[150]
hier: aus der OHG von Gabi Schulz und M wird eine KG[151]
§ 19 I Nr. 3 HGB = Zusatz: KG [„Gabi Schulz Lederwaren KG"]
2. Haftungsbeitritt des Franz Lehmann und Weiterhaftung der Gabi Schulz betreffs der „Altschulden" der OHG?
2.1 Grundsatz: §§ 161 II, 130 I HGB = Haftung aller Gesellschafter
▶ Franz Lehmann haftet unbeschränkt als Komplementär[152]

---

[148] Haftung „pro rata" = Haftungsausgleich ist um eigene quotenmäßige Haftungsbeteiligung (hier: 1/3) gekürzt.

[149] Hinsichtlich des Prinzips der Firmenbeständigkeit vgl. Fn. 123.

[150] Betreffs des Grundsatzes der Firmenwahrheit vgl. Fn. 132.

[151] Hier käme aufgrund der beabsichtigten neuen Rechtsstellung der Gabi Schulz als (beschränkt haftende) Kommanditistin nur die Gesellschaftsform „Kommanditgesellschaft" (KG) infrage (vgl. hierzu auch Fn. 141).

[152] Hier geht es darum, dass Franz Lehmann bei seinem Eintritt in die bestehende OHG von Gabi Schulz und M im Zusammenhang mit deren Umwandlung in eine KG die Rolle eines (voll haftenden) Komplementärs einnimmt und demzufolge gem. §§ 161 II, 130 I HGB (voll und ganz) dem Haftungsverbund der bis dahin existierenden OHG gem. § 128 HGB i.V.m. § 421 BGB beitritt, also unbeschränkt auch für die „Altschulden" der ehemaligen OHG haftet. Würde Franz Lehmann sich nur als (beschränkt haftender) Kommanditist in die Gesellschaft begeben, träte er gem. § 173 I HGB ebenso dem „Haftungsverbund" der bis dahin existierenden OHG bei. Er würde dann aber betreffs der „Altschulden" i.S.d. §§ 171, 172 HGB nur beschränkt haften.

▶ Gabi Schulz als (eigentlich) gem. § 171 I HGB nur beschränkt haftende Kommanditistin[153] haftet ebenfalls für ihre Altschulden unbeschränkt gem. § 176 I S. 1 HGB[154] analog

2.2 Spezialregelung: § 160 III HGB = Begrenzung der (vollen) Haftung der Gabi Schulz gem. § 160 I HGB auf 5 Jahre[155]

Ergebnis zu f): Mit dem Beitritt des Franz Lehmann in die bereits bestehende OHG von Gabi Schulz und M unterwirft sich dieser auch bei Umwandlung in eine KG gem. §§ 161 II, 130 I HGB unausweichlich der Haftung betreffs der bereits bestehenden „Altverbindlichkeiten" des Unternehmens als (voll haftender) Komplementär.

Die mit dem Beitritt des Franz Lehmann in die OHG verbundene Umwandlung der Gesellschafterstellung der Gabi Schulz als nur noch beschränkt haftende Kommanditistin müsste sich in der Firmenbezeichnung gem. § 19 I Nr. 3 HGB entsprechend niederschlagen („Gabi Schulz Lederwaren KG").

Auf dieser Grundlage wäre dann die gem. § 176 I S. 1 HGB analog unbeschränkte Haftung der Gabi Schulz für ihre Altschulden gem. § 160 III HGB i.V.m. § 160 I HGB auf 5 Jahre begrenzt.

Obersatz zu g): Es ist, auch aus firmenrechtlicher Sicht, zu prüfen, was mit den Altschulden der Gabi Schulz passiert, wenn sie das Unternehmen („Gabi Schulz Lederwaren KG") verlässt.

---

[153] Zum Wesen einer KG vgl. Fn. 141.

[154] § 176 I S. 1 HGB regelt unmittelbar den Fall, dass eine Kommanditgesellschaft in der Gründungsphase schon Geschäfte tätigt, bevor sie ins Handelsregister eingetragen wird (erstmalige Geschäftsaufnahme).

[155] Zur zeitlichen „Enthaftung" des Kommanditisten vgl. Fn. 143. § 160 III HGB dehnt die Regelung über die Haftung für Altschulden bei Ausscheiden eines Gesellschafters einer OHG (§ 160 I HGB) auf den Fall aus, dass der Gesellschafter zwar nicht ausscheidet, aber in die Stellung eines Kommanditisten (mit beschränkter Haftung) wechselt. Die Regelung entspricht insofern der des § 28 III HGB (vgl. *Baumbach/Hopt*, HGB, 37. Aufl. 2016, § 160 Rn. 7).

Lösungsweg: 1. Firmenfortführung?

- § 24 HGB: Prinzip der Firmenbeständigkeit[156]

  [„Gabi Schulz Lederwaren ..."]

- § 19 HGB: Prinzip der Firmenwahrheit[157]

  hier: aus KG entsteht bei Ausscheiden des einzigen (nur beschränkt haftenden) Kommanditisten wieder eine OHG[158]

  § 19 I Nr. 2 HGB = Zusatz: OHG

  [„Gabi Schulz Lederwaren OHG"]

2. Weiterhaftung der Gabi Schulz?

   2.1 vollständige Haftungsbefreiung der Gabi Schulz nach dem BGB: (vollständige) Schuldübernahme durch die übrig bleibenden Gesellschafter[159]

   - gem. §§ 414 ff. BGB nur mit entsprechender Zustimmung der „Altgläubiger" möglich

   2.2 Haftungsprivilegierung der Gabi Schulz nach dem HGB:

   - §§ 161 II, 160 I HGB = Haftungsbegrenzung auf 5 Jahre[160]

---

[156] Hinsichtlich des Prinzips der Firmenbeständigkeit vgl. Fn. 123.

[157] Betreffs des Grundsatzes der Firmenwahrheit vgl. Fn. 132.

[158] Vgl. zunächst Fn. 141. Es wäre natürlich auch möglich, das Ausscheiden der Gabi Schulz damit zu verbinden, einen neuen Gesellschafter in der Rechtsstellung eines (nur beschränkt haftenden) Kommanditisten aufzunehmen, um die alte Firmenbezeichnung als KG fortsetzen zu können. Dieser würde dann betreffs der vorhandenen „Altschulden" des Unternehmens gem. § 173 I HGB nach Maßgabe der §§ 171 und 172 HGB nur beschränkt haften. Ebenso denkbar wäre, dass einer der beiden übrig bleibenden Gesellschafter, also entweder M oder Franz Lehmann, die Rolle eines (nur beschränkt haftenden) Kommanditisten einnimmt, um die alte Firmenbezeichnung als KG fortzuführen. Dieser Gesellschafter würde dann aber betreffs der „Altschulden" gem. § 176 I S. 1 HGB analog voll haften (jedoch auf 5 Jahre begrenzt gem. § 160 III HGB i.V.m. § 160 I HGB).

[159] Hinsichtlich der praktischen Realisierbarkeit eines entsprechenden Schuldnerwechsels vgl. Fn. 127.

[160] § 160 I HGB setzt den in § 26 I HGB verankerten allgemeinen Grundsatz der Nachhaftungsbegrenzung auf 5 Jahre für das Recht der OHG/KG fort. Eine einheitliche Auslegung ist geboten (vgl. Baumbach/Hopt, HGB, 37. Aufl. 2016, § 160 Rn. 1). Betreffs dieses 5-Jahreszeitraumes geht es jedoch nur um die „Altschulden" ab dem Zeitpunkt der von Gabi Schulz tatsächlich eingenommenen Kommanditistenrolle, für die sie gem. §§ 171, 172 HGB nur beschränkt haftet. Hinsichtlich ihrer unbeschränkten Haftung gem. § 176 I S. 1 HGB analog trat ja die zeitliche Begrenzung auf 5 Jahre betreffs der bis zu ihrer „Umwandlung" zur Kommanditistin begründeten Verbindlichkeiten gem. § 160 III HGB i.V.m. § 160 I HGB schon früher ein (vgl. Ausführungen unter f). Hier sind also zwei unterschiedliche 5-Jahreszeitläufe, einmal für die unbeschränkte und zum anderen für die lediglich beschränkte Geltendmachung von Gläubigeransprüchen zu beachten.

Ergebnis zu g): Die mit dem Ausscheiden der Gabi Schulz als einzige (nur beschränkt haftende) Kommanditistin verbundene Tatsache, dass dann wieder eine OHG entsteht, müsste sich in der Firmenbezeichnung gem. § 19 I Nr. 2 HGB entsprechend niederschlagen („Gabi Schulz Lederwaren OHG"), wenn die Kommanditistenrolle nicht durch einen neuen Gesellschafter oder durch M bzw. Franz Lehmann ersetzt wird.

Gabi Schulz könnte sich einer Haftung gegenüber ihren „Altgläubigern" im Zuge des Ausscheidens aus dem Unternehmen nur (vollständig) entziehen, wenn diese Gläubiger gem. §§ 414, 415 BGB einer vollständigen Schuldübertragung auf die übrig bleibenden Gesellschafter (M und Franz Lehmann) ihre Zustimmung geben würden. Da dadurch die vom Gesetzgeber im Zusammenhang mit einem Inhaberwechsel ganz bewusst geschaffenen Schutzmechanismen zugunsten der „Altgläubiger", hier gem. § 160 HGB, nicht mehr zur Wirkung gelangen würden, ist in der Rechtspraxis davon auszugehen, dass eine solche vollständige Haftungsbefreiung nicht gelingen wird.

Insofern würde sich die Haftung der Gabi Schulz wie folgt darstellen: Bis zu dem Zeitpunkt, zu dem sie in dem Unternehmen die Kommanditistenrolle einnahm, haftet sie gem. § 176 I S. 1 HGB analog unbeschränkt. Diesbezüglich kann sie aber gem. § 160 III HGB i.V.m. § 160 I HGB nur noch über einen Zeitraum von maximal 5 Jahren, gerechnet ab dem Zeitpunkt ihrer „Umwandlung" zur Kommanditistin, von den „Altgläubigern" in Anspruch genommen werden. Von da an haftet sie den Gläubigern des Unternehmens betreffs der dann begründeten Verbindlichkeiten gem. §§ 171 und 172 HGB nur noch beschränkt. Betreffs dieser beschränkten Kommanditistenhaftung könnte sie dann gem. §§ 161 II, 160 I HGB ebenfalls nur noch über einen Zeitraum von maximal 5 Jahren, gerechnet ab dem Zeitpunkt ihres Ausscheidens aus der Gesellschaft, haftungsrechtlich von den „Altgläubigern" gegriffen werden.

## Fall 6:

Der ehemalige Eiskunstläufer E ist nach Beendigung seiner aktiven Karriere seit 2004 als freiberuflicher Trainer für die national und international sehr erfolgreichen Paarläufer M und F tätig und wurde dafür mehrfach ausgezeichnet. E ist seit 2003 Sportsoldat im Dienstrang eines Stabsunteroffiziers im Soldatenverhältnis auf Zeit bei der Sportfördergruppe der Bundeswehr (B)[161].
Im Jahr 2006 wird bekannt, dass E in der Vergangenheit für das DDR Ministerium für Staatssicherheit als IM (Inoffizieller Mitarbeiter) tätig war, woraufhin ihn die B als Sportsoldaten entlässt.
Nachdem M und F an E als Trainer festhalten, wird 2009 auch M als Sportsoldat aus der Fördergruppe entlassen, da er über keinen offiziellen Bundestrainer verfügt, was Voraussetzung für die Förderung ist. Die B hat die Absicht, ihren Sportlern das Training bei E zu untersagen oder Bewerber, die bei E trainieren, gar nicht erst aufzunehmen.

E möchte erreichen, dass B ihn als Eiskunstlauftrainer von Soldaten der Sportfördergruppe duldet und es insofern unterlässt, das Recht des E auf Ausübung seiner unternehmerischen Tätigkeit widerrechtlich zu beeinträchtigen. Steht dem E ein solcher Unterlassungsanspruch zu?

## Lösung:

Fallproblematik: **Das Recht am eingerichteten und ausgeübten Gewerbebetrieb**

Obersatz: Möglicherweise kann E (**wer?**) von B (**von wem?**) fordern, gem. § 1004 I BGB analog (**woraus?**) die widerrechtliche Beeinträchtigung seines Rechts auf Ausübung seiner unternehmerischen Tätigkeit zu unterlassen (**was?**).

Lösungsweg: I. Anspruch entstanden?

1. fortdauernde Beeinträchtigung des *Eigentum*s (in anderer Weise als durch Entziehung oder Vorenthaltung i.S.d. § 985 BGB)[162] (-)

aber: analoge Anwendung[163] (§ 1004 I BGB analog):

fortdauernde Beeinträchtigung eines *anderen absoluten Rechts*[164] (+)

- „Recht am eingerichteten und ausgeübten Gewerbebetrieb"[165]?

---

[161] Der Eiskunstlauf in Deutschland wird zum größten Teil durch die Bundeswehr gefördert, indem diese den Sportlern als sog. Sportsoldaten einen Sold zur sozialen Absicherung zahlt.

[162] *Beeinträchtigung* ist jeder dem Inhalt des Eigentums (§ 903 BGB) widersprechende Eingriff in die rechtliche oder tatsächliche Herrschaftsmacht des Eigentümers (BGH NJW 2013, S. 1809).

[163] Vgl. hierzu *Palandt/Ellenberger*, Bürgerliches Gesetzbuch, 75. Aufl. 2016, § 1004 Rn. 4.

[164] Im Gegensatz zu den relativen Rechten, die sich (nur) gegen bestimmte Personen innerhalb eines bestimmten Schuldverhältnisses richten, wirken absolute Rechte gegenüber jedem Dritten.

[165] Der eingerichtete und ausgeübte Gewerbebetrieb ist ein von der Rechtsprechung entwickeltes „*sonstiges* (absolutes) *Recht*", das dem Rechtsschutz vor unerlaubten Handlungen gem. § 823 I BGB und insofern auch vor Störungen durch menschliches Verhalten nach § 1004 BGB unterliegt.

- *Gewerbebetrieb?*[166] (+)
  [hier: E betreibt kein Gewerbe, sondern er übt freiberufliche Tätigkeit[167] aus
  aber: „Recht am eingerichteten und ausgeübten Gewerbebetrieb" umfasst nicht nur gewerbliche, sondern jegliche unternehmerische, also auch freiberufliche Betätigung[168]]
- *fortdauernde Beeinträchtigung (Störung)?* (+)
  [Kundenkreis des Trainers (E) ist erheblich eingeschränkt, wenn er nicht mehr als Trainer für Soldaten der Sportfördergruppe anerkannt wird[169]]
- *betriebsbezogener Eingriff?*[170] (+)
  [Die potentiellen Kunden des E, also die Spitzensportler, auf die E nach seiner Qualifikation als Trainer ausgerichtet ist, stehen zu einem ganz erheblichen Teil im Dienst der B.

---

[166] Unter den Begriff des Gewerbebetriebes fällt alles, was in seiner Gesamtheit den Gewerbebetrieb zur Entfaltung und Betätigung in der Wirtschaft befähigt, also nicht nur Betriebsräume und -grundstücke, Maschinen, Warenvorräte usw., sondern z.B. auch Geschäftsideen und Tätigkeitskreise (Geschäftsverbindungen, Kundenstamm, Internetforen, …). Vgl. *Palandt/Ellenberger*, Bürgerliches Gesetzbuch, 75. Aufl. 2016, § 823 Rn. 134.

[167] Zur Gegenstandsbestimmung freiberuflicher Tätigkeit vgl. Fn 12.

[168] Der Rechtsprechung geht es um den Schutz eines *Unternehmens* in seiner wirtschaftlichen Tätigkeit und in seinem Funktionieren vor widerrechtlichen Eingriffen. Insofern sind auch freiberufliche Unternehmer in den Rechtsschutz eingeschlossen (vgl. *Palandt/Ellenberger*, Bürgerliches Gesetzbuch, 75. Aufl. 2016, § 823 Rn. 134). In diesem Sinne wurde auch das im vorliegenden Sachverhalt geschilderte Rechtsgeschehen betreffs des freiberuflich tätigen Sporttrainers (E) von der Rechtsprechung entsprechend gewürdigt (vgl. BGH NJW 2012, S. 2579).

[169] B greift folglich in das Recht des E am „eingerichteten und ausgeübten Gewerbebetrieb" ein.

[170] Um eine uferlose Haftung zu vermeiden, fordert die Rechtsprechung eine „Betriebsbezogenheit des Eingriffs". Unmittelbare Eingriffe in das Recht am bestehenden Gewerbebetrieb, gegen welche § 823 I BGB sowie § 1004 BGB Schutz gewähren, sind nur diejenigen, die irgendwie gegen den Betrieb als solchen gerichtet sind und nicht vom Gewerbebetrieb ohne Weiteres ablösbare Rechte oder Rechtsgüter betreffen. So wurde beispielsweise (vgl. BGH NJW 1959, S. 479 ff.) hinsichtlich der leicht fahrlässigen Durchtrennung eines dem örtlichen Energielieferanten gehörenden Stromkabels bei Baggerarbeiten auf dem Nachbargrundstück eines Unternehmens betreffs der dadurch ausgelösten wirtschaftlichen Schäden beim Unternehmen i.S.d. § 823 I BGB die „Betriebsbezogenheit" abgelehnt. Das Durchtrennen des Kabels zielte nicht unmittelbar darauf ab, den Betrieb des Unternehmens zu schädigen. Vielmehr geschah dieses „Versehen" bei der Ausführung regulärer Baggerarbeiten und insofern nicht betriebsbezogen.

> B verschließt jedoch dem E faktisch einen Markt an Nachwuchssportlern, da diese dessen Dienste nur unter Inkaufnahme von empfindlichen wirtschaftlichen Nachteilen in Anspruch nehmen könnten. Dem E wird es so faktisch unmöglich gemacht, als Spitzentrainer im Eiskunstlauf tätig zu sein. Sein Unternehmen wird daher erheblich und unmittelbar beeinträchtigt.]

2. Widerrechtlichkeit der (betriebsbezogenen) Beeinträchtigung?[171] (+)

[Ein überwiegendes Schutzinteresse der B könnte nur bejaht werden, wenn durch die Tolerierung der Tätigkeit des E als Trainer von Sportsoldaten rechtlich erhebliche Interessen, insbesondere das Ansehen der Bundeswehr, in nennenswerter Weise beeinträchtigt sein könnten.

Die Behinderung der Tätigkeit des E in dem der B fernliegenden Bereich des sportlichen Trainings müsste aus Gründen gerechtfertigt erscheinen, welche in der Person des E liegen und die rechtlich geschützten Interessen der B gefährden.

Die Tätigkeit des E als IM liegt Jahre zurück und er hat sich seitdem in besonderem Maße für den Eislaufsport eingesetzt. Dank seiner Tätigkeit erzielten M und F große Erfolge, die zum positiven internationalen Ansehen der Bundesrepublik beitrugen. Ein Imageverlust der B wegen der – auch von ihr ausgezeichneten – Dienste des E liegt daher fern.]

3. Wiederholungsgefahr (+)

[es droht die weitere Beeinträchtigung des Rechts des E durch B]

Anspruch ist entstanden.

---

[171] Da das Recht am eingerichteten und ausgeübten Gewerbebetrieb als Rahmenrecht einen offenen Tatbestand darstellt, ist im Rahmen der Rechtswidrigkeit eine Güterabwägung zwischen dem Ziel des Eingriffs und dem dadurch beeinträchtigten Rechtsgut vorzunehmen (vgl. BGH NJW 1998, S. 2141; 2006, S. 830). Diese Herangehensweise korrespondiert mit dem Erfordernis der Rechtswidrigkeit von Störungen (vgl. § 1004 II BGB) betreffs des Anspruchs auf Beseitigung und Unterlassung gem. § 1004 I BGB; Verschulden ist hingegen bei der tatbestandsmäßigen Prüfung des § 1004 BGB nicht von Belang (vgl. *Palandt/Ellenberger*, Bürgerliches Gesetzbuch, 75. Aufl. 2016, § 1004 Rn. 13).

II. Anspruch nicht untergegangen? (+)
[B kann gegen den Anspruch des E keine rechtsvernichtenden Einwendungen[172] vortragen.]

III. Anspruch durchsetzbar? (+)
[B kann gegen den Anspruch des E keine rechtshemmenden Einreden[173] vortragen.]

Ergebnis: E kann gem. § 1004 I BGB analog von B verlangen, ihre widerrechtliche Beeinträchtigung seines Rechts auf Ausübung seiner unternehmerischen Tätigkeit zu unterlassen, d.h. seine freiberufliche Tätigkeit als Trainer zu dulden.

---

[172] Hinsichtlich rechtsvernichtender Einwendungen vgl. Fn. 49.
[173] Hinsichtlich rechtshemmender Einreden vgl. Fn. 120.

## II. Handelsgeschäfte

**Fall 7:**

Der im Handelsregister eingetragene Kaufmann Klaus Krämer (K) betreibt einen Zulieferhandel in der Automobilbranche.

Eines Tages verhandelt K mit seiner Hausbank über die Gewährung eines Darlehens in Höhe von 18.000,- €. Die Bank (B) ist zwar prinzipiell bereit, dem Unternehmen des K Kredit zu gewähren, aber nur bei entsprechender Kreditbesicherung.

Da K keine anderen Sicherheiten bieten kann, schlägt er der Bank vor, dass er alle seine (auch künftigen) Kaufpreisforderungen gegenüber seinen Abnehmern, vor allem gegenüber seinem Hauptabnehmer, dem Autobauer „A-AG" (A), der Bank zwecks Besicherung des Darlehens „zur Verfügung stellt".

In den AGB der Kaufverträge der A ist unter anderem ein generelles Zessionsverbot betreffs der Kaufpreisforderungen seiner Zulieferer festgelegt.

a) Muss eine derartige „zur Verfügung Stellung" der Forderungen zwecks Sicherung des Darlehens den Schuldnern des K – also beispielsweise auch der A – angezeigt werden?

b) Erlangt die B betreffs der Forderungen gegenüber der A im Hinblick auf das gewillkürte Zessionsverbot überhaupt entsprechende Kreditsicherheit?

**Lösung:**

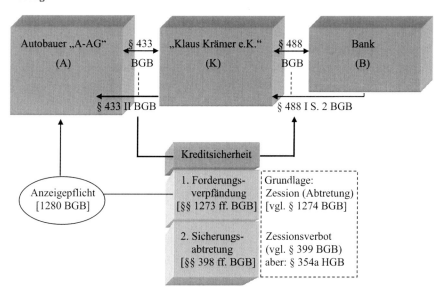

| Fallproblematik: | **Geldforderungen als Kreditsicherheit trotz Zessionsverbot** |
|---|---|
| Obersatz zu a): | Es ist zu prüfen, ob die „zur Verfügung Stellung" der Forderungen zwecks Kreditbesicherung den Schuldnern des K angezeigt werden muss. |
| Lösungsweg: | Wie erfolgt Kreditbesicherung mittels Forderungsübertragung? zwei Varianten: |

- Forderungsverpfändung gem. §§ 1273 ff. BGB
- Sicherungsabtretung gem. §§ 398 ff. BGB + Sicherungsvertrag

---

Variante 1: Forderungsverpfändung gem. §§ 1273 ff. BGB:

- gesetzlicher Inhalt: § 1273 I, II i.V.m. § 1204 I BGB[174]
- Bestellung: § 1274 BGB = nach den Vorschriften für die (vollständige) Übertragung von Forderungen[175]
  §§ 398 ff. BGB = stille Zession[176] möglich
  §§ 1279, 1280 BGB = hier Anzeigepflicht gegenüber den Schuldnern zwingend[177]

---

[174] Rechtsinhalt: entsprechende Anwendung des § 1204 I BGB: „*Ein Recht* kann zur Sicherung einer Forderung in der Weise belastet werden, dass der Gläubiger berechtigt ist, Befriedigung aus *dem Recht* zu suchen.".

[175] Rechte – insbesondere Forderungen – als nicht körperliche Gegenstände (Rechtsobjekte) werden auf der Grundlage eines Abtretungsvertrages (Verfügungsgeschäft!) vom bisherigen Rechtsinhaber – Gläubiger – (Zedent) auf den neuen Rechtsinhaber – Gläubiger – (Zessionar) gem. §§ 398 ff. BGB übertragen.

[176] Die Abtretung einer Forderung nach den Regelungen der §§ 398 ff. BGB setzt keine Unterrichtung oder Mitwirkung des Schuldners der übertragenen Forderung voraus. Diesbezüglich bietet der Gesetzgeber in § 407 BGB dem „ahnungslosen" Schuldner dahingehend Rechtsschutz, dass alle Rechtshandlungen, die der Schuldner in Unkenntnis der Abtretung gegenüber dem bisherigen Gläubiger (Zedenten) vornimmt, im Verhältnis zum neuen Gläubiger (Zessionar) wirksam sind. Das heißt, dass die Leistung (z.B. Geldzahlung) an den bisherigen Gläubiger mit schuldbefreiender Wirkung entgegen § 362 I BGB [„...*wenn die geschuldete Leistung an den* (richtigen) *Gläubiger bewirkt wird.*"] erfolgt und der neue Gläubiger dann gegenüber seinem Vertragspartner der Zession, also vom bisherigen Gläubiger, die Herausgabe des Geleisteten gem. § 816 II BGB fordern kann.

[177] Gem. § 1275 BGB greift bei der Verpfändung *eines Rechts auf Leistung* u.a. auch die Schutzvorschrift des § 407 BGB (vgl. Fn. 176). Dies hätte zur Folge, dass der ahnungslose Schuldner mit schuldbefreiender Wirkung weiterhin an „seinen Gläubiger", also an den Pfandgeber, leisten könnte, was im Rahmen einer Kreditbesicherung aus der Sicht des Kreditgebers als Pfandgläubiger nicht die gewünschte Sicherheit vermitteln würde. Durch die zwingende Anzeige an den Schuldner gem. § 1280 BGB (Kenntnisverschaffung!) wird dies aber verhindert.

> Variante 2: Sicherungsabtretung gem. §§ 398 ff. BGB + Sicherungsvertrag:
> - gesetzlicher Inhalt: § 398 BGB = Sicherungsnehmer erwirbt volle Gläubigerstellung[178]
> - gewillkürter Rechtsinhalt = dem Sicherungsnehmer sollen nach dem Sicherungsvertrag (Zweckabrede) nur Befugnisse ähnlich denen eines Pfandgläubigers zustehen[179]
> 
> §§ 398 ff. BGB = stille Zession[180] möglich[181]

Ergebnis zu a): Erfolgt die Kreditbesicherung mittels der Verpfändung der Forderungen des K gegenüber seinen Abnehmern, so ist eine entsprechende Anzeige an die Schuldner für eine wirksame Pfandrechtsbestellung gem. § 1280 BGB unumgänglich. Wird jedoch die in der Bankenpraxis übliche Kreditbesicherung mittels Sicherungsabtretung gewählt, ist eine Anzeige an die Schuldner nicht erforderlich.

Obersatz zu b) Es ist zu prüfen, ob und ggf. wie das in den AGB der Kaufverträge der A festgeschriebene (gewillkürte) generelle Zessionsverbot auf die beiden Varianten der Kreditbesicherung wirkt.

Lösungsweg: Als rechtliche Basis fungiert das Abtretungsrecht gem. §§ 398 ff. BGB sowohl bei der Forderungsverpfändung[182] als auch bei der Sicherungsabtretung.[183]

---

[178] Im *Außenverhältnis* zum Schuldner der übertragenen Forderung erlangt der Sicherungsnehmer alle Gläubigerrechte: insbes. gerichtliche und außergerichtliche Geltendmachung sowie Weiterabtretung.

[179] Im *Innenverhältnis* zum Sicherungsgeber darf der Sicherungsnehmer nur nach Maßgabe des Sicherungszwecks über die übertragene Forderung verfügen: im Zweifel nur zur Einziehung berechtigt, wenn die gesicherte Forderung fällig ist und der Sicherungsgeber in Verzug kommt; Sicherungsgeber ist vor Offenlegung der Abtretung (Anzeige an den Schuldner) zu informieren; Freigabe von Sicherheiten, wenn und soweit sie endgültig nicht mehr benötigt werden (vgl. *Palandt/Grüneberg*, Bürgerliches Gesetzbuch, 75. Aufl. 2016, § 398 Rn. 25).

[180] Zur „stillen Zession" vgl. Fn. 176.

[181] Auf der Grundlage einer „stillen" Sicherungsabtretung ist der Sicherungsgeber i.d.R. ermächtigt, Leistungen an sich zu verlangen (Einziehungsermächtigung) und die abgetretenen Forderungen im Wege der Zwangsvollstreckung durchzusetzen (vgl. *Palandt/Grüneberg*, Bürgerliches Gesetzbuch, 75. Aufl. 2016, § 398 Rn. 24).

[182] Rechtsgrundlage: § 1274 BGB (vgl. hierzu Fn. 175).

[183] Hinsichtlich des Wesens einer Abtretung (Zession) vgl. Fn. 175, 176.

rechtliche Wirkung des gewillkürten Zessionsverbots:

§ 399 Alt. 2 BGB[184]: Übertragung der Forderung nicht möglich
(weder im Wege der Forderungsverpfändung[185]
noch auf der Grundlage einer Sicherungsabtretung)

aber: Sonderregelung des § 354a HGB[186]:

Abtretung (und damit auch Forderungsverpfändung und Sicherungsabtretung) trotz Zessionsverbots wirksam, wenn die übertragenen Forderungen im Rahmen eines beidseitigen Handelsgeschäfts begründet wurden

§ 343 HGB = K und A müssen Kaufmannseigenschaft haben[187]:
K: • § 1 HGB (Handelsgewerbe) oder
• § 2 HGB (Kleingewerbe + Handelsregistereintragung)   (+)
A: • § 6 I HGB i.V.m. § 3 I AktG (Formkaufmann)[188]   (+)

Ergebnis zu b): Trotz des in den AGB der Kaufverträge der A festgeschriebenen generellen Zessionsverbots erlangt die dem K kreditgebende Bank infolge der Forderungsverpfändung bzw. der Sicherungsabtretung ausreichende Sicherheit.

---

[184] § 399 BGB enthält neben der ersten Alternative, nach der die Unabtretbarkeit einer Forderung aus dem Inhalt der Leistung folgen kann, die gesetzliche Klarstellung, dass die Abtretung ausgeschlossen ist, wenn Gläubiger und Schuldner dies so vereinbaren.

[185] Vgl. hierzu klarstellend § 1274 II BGB.

[186] § 354a HGB wurde durch Gesetz vom 25. 7. 1994 (BGBl. I S. 1682) eingeführt und schützt die Verkehrsfähigkeit der Forderungen gegen „dinglich" wirkende Abtretungsverbote. Mit der Vorschrift sollen Forderungen vom Schuldner zur Kreditsicherung genutzt werden können, ohne dass schutzwürdige Belange des Forderungsschuldners und anderweitig beteiligter Dritter stark beeinträchtigt werden. Die Rechtsordnung konnte die gängige Praxis nicht mehr dulden, wonach Großabnehmer durch Zessionsverbot (insbesondere durch AGB) die wirtschaftliche Bewegungsfreiheit ihrer Zulieferer, vor allem hinsichtlich notwendiger Finanzierungen (keine Kreditbesicherung mittels der mit Zessionsverbot belegten Forderung möglich), über Gebühr einengten.

[187] Zur gesetzgeberischen Bestimmung der Kaufmannseigenschaft vgl. Fn. 54.

[188] Jede AG gilt gem. § 3 I AktG – unabhängig von ihrer Zweckausrichtung – als Handelsgesellschaft und hat demzufolge (immer) gem. § 6 I HGB (kraft dieser Rechtsform) Kaufmannseigenschaft (Formkaufmann).

**Fall 8:**

Erwin (E) erbt von seiner Großmutter einen alten Kleiderschrank aus der Gründerzeit. Da E in seiner Wohnung eher modern eingerichtet ist, versucht er den Schrank im Internet zu verkaufen, leider ohne Erfolg.
Daraufhin geht E zu dem kleinen Trödelhändler Theodor (T), der ebenfalls kein großes Interesse an dem Schrank entwickelt. Grund dafür sei die momentane schlechte Geschäftslage seines kleingewerblichen Einmann-Betriebes. Was T aber machen könne, wäre die Präsentation des Schrankes in seinem Verkaufsraum. Vielleicht finde ja jemand Gefallen an dem Schrank und kaufe diesen. Als daraufhin der E seinen Schrank dem T übergibt und beide sich einig sind, dass T den Schrank des E in eigenem Namen für Rechnung des E mit einer Provision in Höhe von 25 % des Verkaufserlöses verkaufen soll, findet sich wenige Tage später tatsächlich ein Kaufinteressent (K). T erklärt dem K, dass es sich bei dem Schrank um das Eigentum des E handelt und er den Auftrag hat, diesen nicht unter 1.000 € zu verkaufen. Man einigt sich schließlich auf einen Kaufpreis in Höhe von 1.100 €, die K auch sofort in bar bezahlt.
Einen Tag später holt K den Schrank bei T ab. Was K und T zu diesem Zeitpunkt aber nicht wissen, ist die Tatsache, dass sich im Geschäftsbriefkasten des T bereits seit zwei Tagen ein Schreiben des E befand, in dem E den Verkauf des Schrankes mit sofortiger Wirkung stoppte, da sich im Internet nunmehr ein Käufer gemeldet hat, der für den Schrank einen Liebhaberpreis in Höhe von 3.000 € bot.
Auf dieser Grundlage fordert E seinen Schrank zurück. K hingegen verweigert die Rückgabe des Schrankes mit der Begründung, dass er diesen redlich erworben habe und demnach der Eigentümer sei.

Kann E von K die Herausgabe des Schrankes fordern?

Lösung:

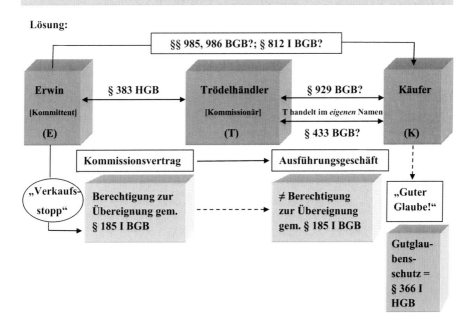

Fallproblematik: **gutgläubiger Eigentumserwerb trotz mangelnder Verfügungsbefugnis**

Obersatz 1: Möglicherweise kann E (**wer?**) von K (**von wem?**) die Herausgabe des Kleiderschranks (**was?**) gem. §§ 985, 986 BGB (**woraus?**) verlangen.

Lösungsweg: I. Anspruch entstanden?

Voraussetzungen: E = Eigentümer; K = unberechtigter Besitzer

1. K ist Besitzer des Kleiderschranks (+)
2. E ist noch Eigentümer (vgl. § 1922 I BGB) des Kleiderschranks?

Eigentumsverlust des E?

<u>a) Eigentumsverlust auf rechtsgeschäftlicher Grundlage in Form der Eigentumsübertragung an K durch T gem. § 929 S. 1 BGB?</u>

1.) Einigung (mit entsprechender Berechtigung)?

(1) Zustandekommen des dinglichen Vertrages (*Einigung*)?

▶ WE des K: „Ich will Eigentum an dem Kleiderschrank
des E erlangen." (+)

▶ WE seitens des T für E gem. § 383 HGB:

„Ich – T – erkläre, dass ich als Kommissionär des Kommittenten E dessen Eigentum am Schrank Dir – K – übertrage."

T = Kommissionär i.S.d. § 383 I HGB?
- gewerbsmäßiger Warenverkauf[189] (+)
  [T verkauft als Händler (gewerblich) dem K den
  Kleiderschrank des E[190]]
- T handelt im eigenen Namen für Rechnung des E (+)
  [Sachverhaltsschilderung]
- Kommissionsvertrag zwischen E und T (+)
  [■ Auftragserteilung des E an T = Kommissionsvertrag[191]
  ■ „Verkaufsstopp" = Weisung i.S.d. §§ 384, 385 HGB]

Zwischen T und K kommt eine (dingliche) Einigung zustande.

---

[189] Waren = (nur) bewegliche Sachen (vgl. § 93 I, II HGB).

[190] Hier tritt T als Verkaufskommissionär in Erscheinung, da er es gewerbsmäßig übernommen hat, den Kleiderschrank des E (Kommittent) zu verkaufen.

[191] Der Kommissionsvertrag als schuldrechtliche Grundlage eines Kommissionsgeschäfts stellt seiner Rechtsnatur nach eine entgeltliche Geschäftsbesorgung i.S.d. § 675 I BGB dar (vgl. *Baumbach/Hopt*, HGB, 37. Aufl. 2016, § 383 Rn. 6). Durch den „Verkaufsstopp" (Weisung!) hat E den Vertrag geändert (nicht aufgehoben).

(2) Wirksamkeit des zustande gekommenen dinglichen Vertrages?

> *Berechtigung* des T aus dem Kommissionsvertrag?[192]
> - ursprünglich: Verfügungsbefugnis i.S.d. § 185 I BGB[193]
> - „Verkaufsstopp"[194]: Verfügungsbefugnis aufgehoben
>   [Widerruf der Einwilligung gem. § 185 I BGB:
>   → Wirksamkeit dieser Widerrufserklärung?
>   § 130 I BGB: rechtzeitiger Zugang[195] der Erklärung
>     im Geschäftsbriefkasten des T (+)]
> *Berechtigung* des T aus dem Kommissionsvertrag (-)

Die zustande gekommene dingliche Einigung ist nicht wirksam.

2.) **Übergabe**[196] (+); Berechtigung zur Übergabe (-)

Eigentumsverlust des E (-)

**b) Eigentumsverlust auf rechtsgeschäftlicher Grundlage in Form der Eigentumsübertragung an K durch T gem. § 932 BGB?**

1.) Veräußerung nach § 929 BGB (+)

[s.o.: **Einigung** (+); **Übergabe** (+)]

2.) nicht zur Veräußerung berechtigter T[197] [s.o.] (+)

---

[192] Hierbei geht es um die Frage, ob T i.S.d. § 185 I BGB die Befugnis hatte, über das Eigentum des E im eigenen Namen zu verfügen.

[193] Verfügungen i.S.d. § 185 I BGB sind Rechtsgeschäfte, die unmittelbar darauf gerichtet sind, auf ein bestehendes Recht einzuwirken, es zu verändern, zu übertragen oder aufzuheben (BGHZ 1, 304; 75, 226).

[194] Das Recht, im Nachhinein (nach Vertragsschluss) den Kommissionsvertrag einseitig wirksam zu ändern (Gestaltungsrecht!), zieht E aus den Regelungen der §§ 384, 385 HGB, wonach es regelmäßig dem Kommittenten rechtlich zusteht, der Priorität seiner Interessen durch entsprechende Weisungen Ausdruck zu verleihen. Der Kommissionär hat derartige (im Rahmen der Kommission bleibenden, den Kommissionär also nicht vertragswidrig belastenden) Weisungen zu befolgen, auch wenn ihr Sinn dem Kommissionär nicht erkennbar ist oder nicht einleuchtet (vgl. *Baumbach/Hopt*, HGB, 37. Aufl. 2016, § 385 Rn. 1).

[195] Als zugegangen gilt eine Willenserklärung, wenn sie so in den Machtbereich des Erklärungsempfängers gelangt ist, dass dieser unter normalen Verhältnissen die Möglichkeit hat, vom Inhalt der Erklärung Kenntnis zu nehmen (BGHZ 67, 271).

[196] Bei der in § 929 S. 1 BGB geregelten Übergabe handelt es sich um einen *Realakt* (im Sinne der Besitzverschaffung), bei dem es ebenso wie bei der dinglichen Einigung darum geht, dass dies mit entsprechender *Berechtigung* erfolgt.

[197] T ist zwar aufgrund der wirksamen Weisung („Verkaufsstopp") nicht zur Veräußerung des Kleiderschranks berechtigt, aber auf der Grundlage des immer noch vorhandenen Vertragsverhältnisses mit E (Kommissionsvertrag) nach wie vor berechtigter Besitzer des Kleiderschranks.

3.) Erwerber (K) im guten Glauben i.S.d. § 932 II BGB (-)

[Gutgläubigkeit bezieht sich nur auf den Rechtsschein des Eigentums, der vom Besitz einer beweglichen Sache ausgeht[198]

hier: K weiß, dass es sich bei dem Schrank um das Eigentum des E (und nicht des Veräußerers T) handelt]

Eigentumsverlust des E (-)

c) Eigentumsverlust auf rechtsgeschäftlicher Grundlage in Form der Eigentumsübertragung an K durch T gem. **§ 366 I HGB**?

1.) Veräußerung einer dem Veräußerer (T) nicht gehörenden beweglichen Sache (+)

2.) im Rahmen der BGB-Regelungen „zugunsten derjenigen, welche Rechte von einem Nichtberechtigten herleiten" (hier: § 932 BGB i.V.m. § 935 BGB)?

(1.) Veräußerung nach § 929 BGB (s.o.) (+)

(2.) nicht zur Veräußerung berechtigter T (s.o.) (+)

(3.) kein Abhandenkommen i.S.d. § 935 I BGB (+)

[T immer noch berechtigter Besitzer des Kleiderschranks[199]]

(4.) Erwerber (K) im guten Glauben i.S.d. § 366 I HGB (+)

[Gutgläubigkeit bezieht sich hier auch auf den Rechtsschein, über fremdes Eigentum verfügen zu dürfen, der von einem Kaufmann ausgeht[200];

T ≠ Kaufmann (Kleingewerbetreibender ohne Handelsregistereintragung gem. § 2 HGB)

aber: T handelt im Rahmen eines Kommissionsgeschäftes

---

[198] Für die Bösgläubigkeit muss der Mangel des Rechts dem Erwerber bekannt oder grob fahrlässig unbekannt sein. Die Kenntnis allein der Tatsachen, aus denen das Nichteigentum folgt, genügt jedoch nicht (vgl. BGH NJW 1961, S. 777).

[199] Zur Problematik der nicht vorhanden Berechtigung zur Verfügung und des dennoch vorhandenen berechtigten Besitzes am Kleiderschrank vgl. Fn. 197.

[200] Insoweit geht § 366 I HGB betreffs des Gutglaubensschutzes weiter als § 932 II BGB. Möglich ist daher ein Eigentumserwerb, wenn der Käufer zwar weiß, dass der Verkäufer nicht Eigentümer ist, aber dessen Verfügungsmacht i.S.d. § 185 I BGB gutgläubig annimmt (vgl. *Baumbach/Hopt*, HGB, 37. Aufl. 2016, § 366 Rn. 2).

> § 383 II S. 1 HGB: handelsrechtliche Regelungen zum Kommissionsgeschäft (§§ 383 ff. HGB) finden auch auf Kleingewerbetreibende ohne Kaufmannseigenschaft Anwendung[201]
> § 383 II S. 2 HGB: handelsrechtliche Regelungen im Ersten Abschnitt des vierten Buches des HGB[202] finden in Ansehung des Kommissionsgeschäfts Anwendung:
> hier: Anwendung von § 366 I HGB[203]]

K ist Eigentümer des Kleiderschranks kraft guten Glaubens geworden.
Eigentumsverlust des E (+)
E ist noch Eigentümer des Kleiderschranks (−)
Anspruch ist nicht entstanden.

Ergebnis 1: E kann von K die Herausgabe des Kleiderschranks gem. §§ 985, 986 BGB nicht verlangen.

Obersatz 2: Möglicherweise kann E (**wer?**) von K (**von wem?**) die Herausgabe des Kleiderschranks (**was?**) gem. § 812 I S. 1 Alt. 1 BGB (**woraus?**) verlangen.

Lösungsweg: I. Anspruch entstanden?
1. K hat etwas erlangt (+)
[Besitz und Eigentum am Kleiderschrank (s.o.)]
2. durch Leistung[204] des E (+)
[T hat zwar den Realakt der Leistung vollzogen;

---

[201] Betreffs der Besonderheit des geschäftlichen Handelns aller *Kommissionäre, Frachtführer, Spediteure und Lagerhalter* vgl. Fn. 24.

[202] Ausnahme: §§ 348 – 350 HGB.

[203] Insofern erweitert der Gesetzgeber, über den eigentlichen Wortlaut des § 366 I HGB hinausgehend, den Anwendungsbereich dieser Gutglaubensschutz-Regelung dahingehend, dass dieser Rechtsschutz eben nicht nur von einem kaufmännischen Unternehmen, sondern von jedem Gewerbetreibenden vermittelt wird. Das heißt, dass man sich beim Kauf von einem Händler, egal ob handelsgewerblich oder nur kleingewerblich agierend, im Regelfall darauf verlassen kann, dass man Eigentümer der gekauften Ware wird. Dies gilt jedoch nicht, wenn es sich um Waren handelt, die sich nicht im berechtigten Besitz des Händlers befinden (Diebesgut), da diesbezüglich der Gesetzgeber in § 935 I BGB generell (auch im Hinblick auf § 366 I HGB) gutgläubigen Eigentumserwerb ausschließt.

[204] Zum Begriff „Leistung" vgl. Fn. 100.

dies geschah aber für E (auch gegen dessen Willen) im Rahmen der „geschützten Verfügungsbefugnis" des Händlers T gem. § 366 I HGB[205]][206]

3. auf Kosten des E (+)
   [E erleidet einen Eigentumsverlust (s.o.)]
4. ohne rechtlichen Grund (−)

[Rechtsgrund der Vermögensverschiebung ist der von T mit K geschlossene Kaufvertrag:
(1) Zustandekommen des Kaufvertrages?
▶ WE des T: „Ich – T – verpflichte mich, Dir – K – den Kleiderschrank des E zu übergeben und Dir das Eigentum an dem Kleiderschrank zu verschaffen."
(§ 433 I BGB) (+)
▶ WE des K: „Ich verpflichte mich, den Kleiderschrank abzunehmen und zu bezahlen" (§ 433 II BGB) (+)
Zwischen T und K kommt ein Kaufvertrag zustande.
(2) Wirksamkeit des zustande gekommenen Kaufvertrages?[207]
keine Nichtbeachtung von Wirksamkeitserfordernissen +
keine Wirksamkeitshindernisse ersichtlich[208] (+)
Der zwischen T und K zustande gekommene Vertrag ist wirksam.]

Anspruch nicht entstanden.

Ergebnis 2: E kann von K die Herausgabe des Kleiderschranks gem. § 812 I S. 1 Alt. 1 BGB nicht verlangen.

---

[205] Vgl. hierzu Fn. 101: Das Handeln eines Stellvertreters ist für die Bestimmung, wer „geleistet" hat, stets dem Vertretenen zuzurechnen. Dies gilt auch für die mittelbare Stellvertretung (Kommissionsgeschäft), denn objektiver Anhaltspunkt für die Person des Leistenden kann auch sein, zwischen welchen Personen eine Abrechnung vorgenommen werden sollte – Handeln für Rechnung des E – (vgl. *Palandt/Sprau*, Bürgerliches Gesetzbuch, 75. Aufl. 2016, § 812 Rn. 16).

[206] Zum *Subsidiaritätsprinzip* hinsichtlich der Anwendung des § 812 I S. 1 Alt. 2 BGB vgl. Fn. 102.

[207] Hinsichtlich der Prüfung der Wirksamkeit eines zustande gekommenen Vertrages vgl. Fn. 61.

[208] T schließt im Rahmen des (vermeintlichen) Kommissionsgeschäftes im eigenen Namen mit K einen wirksamen Kaufvertrag gem. § 433 BGB.

**Fall 9:**

Der im Handelsregister eingetragene kleingewerbetreibende Autohändler Alfred (A) hat aus dem Verkauf eines Mercedes-Jahreswagens noch eine längst fällige Kaufpreisforderung in Höhe von 12.000 € gegenüber der X-GmbH (X), die sich mit dem Transport schwerer Güter zu Lande handelsgewerblich betätigt.

Als der Geschäftsführer (G) der X eines Tages eines seiner LKW-Firmenfahrzeuge zur turnusmäßigen Durchsicht in die Werkstatt des A bringt, ist dieser sehr erfreut. Denn als nach der Durchsicht und Reparatur des Fahrzeugs der bei der X beschäftigte B selbiges abholen will und diesbezüglich auch sofort die präsentierte Werkstattrechnung in Höhe von 1.000 € begleicht, erklärt A, er werde den Wagen so lange bei sich behalten, bis die X endlich ihre Schulden ihm gegenüber vollständig bezahlt habe. Erfolge dies nicht innerhalb einer Frist von 4 Wochen, werde er den Wagen verkaufen und sich aus dem Erlös befriedigen. Den betreffs der Werkleistung beglichenen Betrag in Höhe von 1.000 € werde er auf die geschuldete Kaufpreisforderung in Höhe von 12.000 € anrechnen.

Der Geschäftsführer (G) der X hingegen erklärt, dass dies nicht ginge, da es sich hier ja schließlich um zwei völlig unterschiedliche Rechtsgeschäfte handle. Ein Verkauf des LKWs komme schon gar nicht in Betracht, da A nicht einfach auf das fremde Eigentum zugreifen könne; er sei schließlich kein Gerichtsvollzieher. Hinzu käme, dass der Mercedes-Jahreswagen damals nicht als Geschäftsfahrzeug von der X-GmbH, sondern als reines „Privatgeschäft" vom Gesellschafter X (als Privatperson) gekauft wurde.

Letzteres stellt A sehr in Zweifel, da er damals beim Verkauf des Mercedes-Jahreswagens vom Gesellschafter X selbst erfahren hat, dass er diesen Wagen für sich als Firmenwagen nutzen wolle und ihn auch als solchen steuerlich behandeln werde.

Nehmen Sie gutachterlich zur Rechtslage Stellung!

**Lösung:**

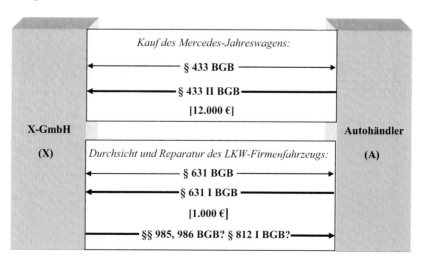

Fallproblematik: **Das kaufmännische Zurückbehaltungsrecht**

Obersatz 1: Möglicherweise kann X (**wer?**) von A (**von wem?**) die Herausgabe ihres LKW-Firmenfahrzeugs (**was?**) gem. §§ 985, 986 BGB (**woraus?**) fordern und dadurch in jedem Fall dessen Verwertung zwecks Befriedigung des Kaufpreiszahlungsanspruchs des A in Höhe von 12.000 € verhindern.

Lösungsweg: I. Anspruch entstanden?
Voraussetzungen: X = Eigentümer; A = unberechtigter Besitzer
1. X = Eigentümer i.S.d. § 985 BGB (+)
   [Sachverhalt: LKW-Firmenfahrzeug[209]]
2. A = unberechtigter Besitzer i.S.d. § 986 BGB?
   a) grundsätzlich:
      nach Ausführung der vereinbarten Werkleistung (+)
   b) A = (ausnahmsweise) berechtigter Besitzer?

   aa) A = berechtigter Besitzer aufgrund § 647 BGB[210]?
   1.) wirksamer Werkvertrag gem. § 631 BGB (+)
   [Sachverhalt]
   2.) von A ausgebesserte bewegliche Sache der X (+)
   [Sachverhalt]
   3.) Erlangung des Besitzes an der zurückbehaltenen beweglichen Sache infolge der vereinbarten Werkleistung (+)
   [Sachverhalt]
   4.) (noch offene) Forderung des A betreffs der ausgebesserten beweglichen Sache (-)
   [hier: 1.000 € Werklohn (≠ 12.000 € Kaufpreis)

---

[209] Wenn im Sachverhalt von einem „Firmenfahrzeug" die Rede ist, muss von der *grundsätzlichen* Rechtslage einer eigentumsrechtlichen Verbindung der X zu diesem Fahrzeug ausgegangen werden; eine davon abweichende dingliche Rechtslage, also z.B. Leasing oder lediglich Anwartschaftsrecht bei Erwerb unter Eigentumsvorbehalt, kommt nach allgemeinen rechtsmethodischen Grundsätzen immer nur dann in Betracht, wenn derartige *Ausnahmen vom Grundsatz* in der Fallbeschreibung ausdrücklich dargelegt werden.

[210] Das Werkunternehmerpfandrecht dient der Sicherung des Werkunternehmers bezüglich seiner Geldforderungen aus dem Werkvertrag (Vergütungsforderungen, Schadenersatzansprüche, Rückabwicklungsansprüche, ...) als Ausgleich dafür, dass dieser das Risiko für das Gelingen des Werkes trägt und insofern mit der Herstellung vorleistungspflichtig ist (vgl. *Palandt/Sprau*, Bürgerliches Gesetzbuch, 75. Aufl. 2016, § 647 Rn. 1).

= Konnexität[211]

X = Zahlung der 1.000 € (Werkstatt-Rechnung)

A = Anrechnung auf die 12.000 € (Kaufrechnung)

§ 362 BGB = Leistung mit schuldbefreiender Wirkung?[212]

§ 366 I BGB[213]: Schuldner (hier X) entscheidet, welche Schuld getilgt werden soll

= X begleicht die Werkstatt-Rechnung]

**bb) A = berechtigter Besitzer aufgrund § 273 BGB?**

Grundvoraussetzung: Konnexität[214] [s.o. unter aa)]

**cc) A = berechtigter Besitzer aufgrund § 369 HGB?**

1.) fällige Forderung (+)

[aus Kaufvertrag in Höhe von 12.000 €]

2.) Forderung stammt aus beiderseitigem Handelsgeschäft (+)

[§ 343 HGB = K und A müssen Kaufmannseigenschaft haben[215]:

A: • § 2 HGB (Kleingewerbe + HR-Eintragung)

X: • § 6 I HGB i.V.m. § 13 III GmbHG[216]

---

[211] Nur wenn es sich um eine Forderung aus *demselben rechtlichen Verhältnis* (hier: Werkvertrag über die Durchsicht und Reparatur des Firmenfahrzeugs der X) handelt, würden dem A die rechtlichen Möglichkeiten aus dem Werkunternehmerpfandrecht gem. § 647 BGB zustehen.

[212] Hier geht es um die entscheidende Frage, welche Schuld (die aus dem Werkvertrag oder die aus dem Kaufvertrag) die X durch Leistung der 1.000 € (voll bzw. zumindest teilweise) zum Erlöschen bringt. Das hängt davon ab, wer darüber rechtlich verbindlich entscheiden darf – der leistende Schuldner oder der empfangende Gläubiger –.

[213] Über die Tilgung einer Schuld entscheidet bei mehreren fälligen Forderungen eines Gläubigers in erster Linie der Schuldner. Trifft der Schuldner keine Tilgungsbestimmung, greift die Tilgungsreihenfolge des § 366 II BGB.

[214] Anspruch und Gegenanspruch müssen sich bei § 273 BGB „aus demselben rechtlichen Verhältnis" ergeben – sog. Konnexität – (vgl. *Palandt/Grüneberg*, Bürgerliches Gesetzbuch, 75. Aufl. 2016, § 273 Rn. 9). Diese Voraussetzung ergibt sich aus dem Gebot von Treu und Glauben: Der Schuldner soll die Leistung nicht wegen eines jeden beliebigen Gegenanspruchs zurückhalten dürfen.

[215] Zur gesetzgeberischen Bestimmung der Kaufmannseigenschaft vgl. Fn. 54.

[216] Jede GmbH gilt gem. § 13 III GmbHG – unabhängig vom Zweck (§ 1 GmbHG) – als Handelsgesellschaft und hat demzufolge (immer) gem. § 6 I HGB (kraft dieser Rechtsform) Kaufmannseigenschaft (*Formkaufmann*).

> Einwendung seitens des G: Fahrzeugkauf erfolgte als „Privatgeschäft" des Gesellschafters X:
> § 344 I HGB = im Zweifel: Handelsgeschäft[217]
> → Forderung aus beidseitigem **Handelskauf**]
> 3.) Erlangung des Besitzes[218] an der zurückbehaltenen beweglichen Sache infolge eines Handelsgeschäftes (+)
> [Besitzerlangung aus **Werkvertrag** mit Willen der X]
> 4.) kein Ausschluss des Zurückbehaltungsrechts gem.
> § 369 III HGB (+)
> [keine Weisung der X oder eine von A übernommene Verpflichtung, deren vorzugsweise Beachtung nach Treu und Glauben geboten wäre[219]]
> 5.) keine Abwendung des Zurückbehaltungsrechts gem.
> § 369 IV HGB (+)
> [keine Leistung von Sicherheiten nach §§ 232 ff. BGB]
> berechtigter Besitzer aufgrund § 369 HGB (+)

---

[217] Es handelt sich hierbei um eine widerlegbare Vermutung für das Handelsgeschäft (vgl. *Baumbach/Hopt*, HGB, 37. Aufl. 2016, § 344 Rn. 3). Der Gegenbeweis betreffs des „Privatgeschäfts" des Gesellschafters X müsste somit seitens der X-GmbH erbracht werden, was aber der Sachverhalt nicht schildert (es bleibt der Zweifel).

[218] § 369 I S. 2 HGB erlaubt die Ausübung des Zurückbehaltungsrechts auch an einer Sache, die dem Zurückhaltenden vom Schuldner (oder für diesen von einem Dritten) bereits in dessen *Eigentum* übertragen wurde, aber (z.B. infolge eines Rücktritts oder Rückkaufs) auf den Schuldner wieder zurückübertragen werden muss.

[219] Diesbezüglich geht es um Weisungen des Schuldners (hier: X), die dieser *vor oder bei Übergabe* des Gegenstandes erteilt hat oder um eine (auch stillschweigend) vom Gläubiger (hier: A) *irgendwann* übernommene Verpflichtung, wonach der Gläubiger in einer bestimmten Weise mit dem Gegenstand verfahren muss, die das Zurückbehalten des Gegenstandes als *treuwidrige Handlung* ausschließt. Beispiel: Wer als Spediteur oder Frachtführer an Dritte zu versenden hat, darf nicht wegen Forderungen an den Absender das Transportgut zurückbehalten.

Eine Weisung, die lediglich die selbstverständliche Verpflichtung des Gläubigers zur Herausgabe (beispielsweise betreffs einer zur Bearbeitung oder Ausbesserung übergebenen Sache) beinhaltet, zählt hingegen nicht zu den das Zurückbehaltungsrecht ausschließenden Tatbeständen (vgl. *Baumbach/Hopt*, HGB, 37. Aufl. 2016, § 369 Rn. 13). Ebenso wenig wird das Zurückbehaltungsrecht dadurch ausgeschlossen, dass die Forderung (hier: Anspruch auf Kaufpreiszahlung aus dem Kaufvertrag über den Mercedes-Jahreswagens) sich nicht auf den zurückbehaltenen Gegenstand (Besitzerlangung aus dem Werkvertrag betreffs der Durchsicht und Reparatur des LKW-Firmenfahrzugs der X) bezieht (*Konnexität nicht erforderlich!*). Das kaufmännische Zurückbehaltungsrecht greift insofern (ganz bewusst) weiter als das Zurückbehaltungsrecht nach § 273 II BGB.

|  |  |  |
|---|---|---|
|  | A = (ausnahmsweise) berechtigter Besitzer | (+) |
|  | A = unberechtigter Besitzer i.S.d. § 986 BGB | (-) |
|  | Anspruch ist nicht entstanden. |  |
| Ergebnis 1: | X kann von A gem. §§ 985, 986 BGB die Herausgabe ihres LKW-Firmenfahrzeugs nicht fordern. |  |
| Obersatz 2: | Möglicherweise kann X (**wer?**) von A (**von wem?**) die Herausgabe ihres LKW-Firmenfahrzeugs (**was?**) gem. § 812 I S. 1 BGB (**woraus?**) fordern und dadurch in jedem Fall dessen Verwertung zwecks Befriedigung des Kaufpreiszahlungsanspruchs des A in Höhe von 12.000 € verhindern. |  |
| Lösungsweg: | I. Anspruch entstanden? |  |

• gem. § 812 I S. 1 Alt. 1 BGB (Leistungskondiktion):

1. A hat etwas erlangt? (+)

[Zurückbehaltungsrecht am Fahrzeug = berechtigter Besitz (s.o.)]

2. durch Leistung[220] der X (-)

[X leistet dem A den Besitz, aber nicht das rechtliche Ergebnis: berechtigter Besitz infolge des Zurückbehaltungsrechts (§ 369 HGB!)]

• gem. § 812 I S. 1 Alt. 2 BGB[221] (Nichtleistungskondiktion):

1. A hat etwas erlangt? (+)

[Zurückbehaltungsrecht am Fahrzeug = berechtigter Besitz (s.o.)]

2. in sonstiger Weise (also nicht durch Leistung) (+)

[niemand leistet dem A das rechtliche Ergebnis: berechtigter Besitz infolge des Zurückbehaltungsrechts gem. § 369 HGB]

3. auf Kosten der X (+)

[X hat als Eigentümerin keinen Anspruch auf Herausgabe des Firmenfahrzeugs gem. § 985 BGB (wegen § 986 BGB!)]

4. ohne rechtlichen Grund? (-)

[Rechtsgrund: § 369 HGB = kaufm. Zurückbehaltungsrecht (s.o.)]

Anspruch ist nicht entstanden.

Ergebnis 2: X kann von A gem. § 812 I S. 1 BGB die Herausgabe ihres LKW-Firmenfahrzeugs nicht fordern.

---

[220] Zum Begriff „Leistung" vgl. Fn. 100.
[221] Zum *Subsidiaritätsprinzip* hinsichtlich der Anwendung des § 812 I S. 1 Alt. 2 BGB vgl. Fn. 102.

| Obersatz 3: | Es ist zu prüfen, inwiefern A auf der Grundlage des Zurückbehaltungsrechts auch ein Verwertungsrecht zwecks Befriedigung seines Kaufpreiszahlungsanspruchs in Höhe von 12.000 € hat. |
|---|---|
| Lösungsweg: | § 371 HGB: Verwertungsrecht[222] (+) |

■ Verkaufsbefriedigung[223]
  § 371 II – IV HGB i.V.m. §§ 1228 I, 1233 I BGB[224]
  Besonderheiten: • § 371 III S. 1 HGB: vollstreckbarer Titel
    zwingend erforderlich (*Gestaltungsklage*)[225]
  • § 371 II S. 2 HGB: Verkaufsandrohung gem.
    § 1234 BGB auf eine Woche verkürzt[226]
■ Vollstreckungsbefriedigung[227]
  • Klage auf Zahlung des Kaufpreises (*Leistungsklage*)
  • vollstreckbarer Titel[228]

| Ergebnis 3: | A kann gem. § 371 HGB zwecks Befriedigung seines Zahlungsanspruchs (12.000 €) das zurückbehaltene LKW-Firmenfahrzeug auf der Grundlage eines vollstreckbaren Titels verwerten, was die X nur dadurch verhindern kann, dass sie die Schuld begleicht oder zumindest Sicherheit leistet. |
|---|---|

---

[222] Das kaufmännische Zurückbehaltungsrecht ist, ähnlich dem Pfandrecht gem. §§ 1204 ff. BGB, mit einem Befriedigungsrecht des Gläubigers ausgestaltet. Voraussetzung ist die Befriedigungsreife (Pfandreife i.S.d. § 1228 II BGB): • Fälligkeit der gesicherten Forderung + • Vorliegen einer Geldforderung. Im Insolvenzverfahren kann der Gläubiger sich gem. §§ 50, 51 Nr. 3 InsO abgesondert (vollständig) befriedigen.

[223] Die Verkaufsbefriedigung erfolgt im Wege • öffentlicher Versteigerung gem. § 1235 (I) BGB oder • freihändigen Verkaufs gem. § 1235 (II) BGB.

[224] Gem. § 1257 BGB gelten die rechtlichen Regelungen zum Vertragspfandrecht – also die §§ 1204 ff. BGB – für ein gesetzlich begründetes Pfandrecht (hier: § 371 HGB) entsprechend.

[225] Die Notwendigkeit eines vollstreckbaren Titels im Wege der (rechtsgestaltenden) Klage auf Gestattung der Befriedigung aus dem zurückbehaltenen Gegenstand ist für die Verkaufsbefriedigung gegenüber den Pfandrechtsvorschriften im BGB eine (wegen der erleichterten Voraussetzungen für das kaufmännische Zurückbehaltungsrecht gerechtfertigte) Erschwerung (vgl. *Baumbach/Hopt*, HGB, 37. Aufl. 2016, § 371 Rn. 4).

[226] Die vorherige Verkaufsandrohung muss an den Eigentümer bzw. an den Schuldner (vgl. § 369 I S. 2 HGB; vgl. Fn. 218) gerichtet werden. Gleiches gilt auch für die Klageerhebung betreffs des richtigen Beklagten.

[227] Aus der (klarstellenden) Regelung in § 371 III S. 1 1. HS HGB ergibt sich, dass es ganz selbstverständlich ist, dass eine Befriedigung im Wege der Vollstreckung nach den allgemeinen Vorschriften der ZPO (Zwangsvollstreckung nach dem Buch 8 der ZPO) möglich ist.

[228] Die Vollstreckung aus dem auf Zahlung lautenden Titel kann im Wege der zwangsweisen Pfändung der zurückbehaltenen Sache und deren Verwertung erfolgen (vgl. *Baumbach/Hopt*, HGB, 37. Aufl. 2016, § 371 Rn. 2).

## III. kaufmännische Personenzusammenschlüsse (Gesellschaften)

**Fall 10:**

Die drei Unternehmer Xaver (X), York (Y) und Zeppelin (Z), die unabhängig voneinander ihre kleingewerbliche unternehmerische Tätigkeit – Dienstleistungen auf dem Gebiet gärtnerischer Pflege von Privatgrundstücken – im harten Wettbewerb zueinander vollziehen, kommen bei einer abendlichen Runde ihres „Unternehmerstammtischs" auf die Idee, künftig stärker miteinander zu kooperieren.
In diesem Sinne beschließen die Drei, sich einen Rasentraktor gemeinsam anzuschaffen, um diesen dann abwechselnd für die Ausführung von Aufträgen ihrer jeweiligen Kunden zu nutzen.
Sie finden beim Händler (H) ein günstiges Angebot zu einem Preis in Höhe von 3.000 €. Nachdem jeder 1.000 € in die „gemeinsame Kasse" eingezahlt hat, erwerben die Drei den Rasentraktor bei H. Die anschließende abwechselnde Nutzung durch die drei Einzelunternehmer X, Y und Z funktioniert reibungslos.
Ein halbes Jahr später lässt X aus gesundheitlichen Gründen sein kleingewerbliches Unternehmen von seinem Enkel (E) als neuen Inhaber weiterführen. Diesbezüglich überträgt X dem E auch seinen 1/3-Anteil an dem Rasentraktor.
Als E das erste Mal den Rasentraktor für die Ausführung eines Kundenauftrags nutzen will, verweigern Y und Z die Herausgabe des Gerätes an E, da sie die Auffassung vertreten, dass X nicht das Recht hatte, dem E seinen 1/3-Anteil an dem Rasentraktor zu übertragen.

Wie ist die Rechtslage?

**Lösung:**

Fallproblematik: **Abgrenzung von GbR und Bruchteilsgemeinschaft**

Obersatz: Es ist zu prüfen, ob X das Recht hatte, dem E seinen 1/3-Anteil an dem Rasentraktor im Hinblick auf die damit im Zusammenhang stehende Nutzungsberechtigung zu übertragen.

Lösungsweg: Recht zur Anteilsübertragung:
- § 738 I BGB: kein Verfügungsrecht
  [Aufrechterhaltung der gesamthänderischen Bindung des Gesellschaftsvermögens gem. § 719 BGB zwecks Realisierung des gemeinsamen Zwecks bis zur Auflösung der GbR (An-/Abwachsung des Gesellschaftsanteils[229])]
    - § 747 S. 1 BGB: Verfügungsrecht
      [Bruchteilsgemeinschaft = keine gemeinsame Zweckrealisierung]

---

[229] Zur An-/Abwachsung des Gesellschaftsanteils bei Ausscheiden eines Gesellschafters vgl. Fn. 35.

Art und Weise des Personenzusammenschlusses:

- **GbR gem. § 705 BGB?**
  1. Gesellschaftsvertrag (+)
     [mündliche[230] Übereinkunft beim „Unternehmerstammtisch"]
  2. gemeinsamer Zweck (+)
     [gemeinsame Anschaffung des Rasentraktors]
  3. gemeinsame Zweckrealisierung (+)
     [Leistung von jeweils 1/3 des Kaufpreises (1.000 €) durch X, Y und Z]
     Zusammenschluss in Form einer GbR, deren gemeinsamer Zweck lediglich in der *gemeinsamen Anschaffung* des Rasentraktors besteht [gemeinsames „Halten und Verwalten" des angeschafften Rasentraktors als gemeinsamer Zweck im Sinne einer GbR[231] nur, wenn zusätzlich auch eine *gemeinsame Nutzung*[232] verfolgt wird[233] (-)]
  4. keine Auflösung der GbR nach Erwerb des Rasentraktors gem. § 726 BGB [234] (-)

- **Bruchteilsgemeinschaft gem. § 741 BGB?**
  Wesen: Interessengemeinschaft ohne Zweckgemeinschaft[235] (+)

---

[230] Der rechtliche Regelungsmechanismus des GbR-Rechts sieht keine besondere Form des Gesellschaftsvertrags vor, so dass nach dem Grundsatz der Formfreiheit von Verträgen die im Sachverhalt geschilderte mündlich herbeigeführte Willensübereinkunft ausreicht.

[231] Würde das "Halten und Verwalten" einer gemeinsamen Sache genügen, um die Verfolgung eines gemeinsamen Zwecks anzunehmen, dann wäre jede Bruchteilsgemeinschaft zugleich eine Gesellschaft. Eine Unterscheidung zwischen Gesellschaft und Bruchteilsgemeinschaft wäre überflüssig.

[232] Die Nutzung des angeschafften Rasentraktors erfolgt nach Sachverhaltsschilderung durch die drei Einzelunternehmer X, Y und Z *abwechselnd* für die Ausführung von Aufträgen ihrer jeweiligen Kunden.

[233] Verträge, bei denen jede Partei eigene Zwecke verfolgt, begründen keine GbR, auch dann nicht, wenn sie (wechselseitige) Verpflichtungen zu abgestimmten Leistungen begründen (zum Erfordernis des gemeinsamen Zwecks vgl. *Palandt/Sprau*, Bürgerliches Gesetzbuch, 75. Aufl. 2016, § 705 Rn. 21).

[234] Wenn die Anschaffung des Rasentraktors (gemeinsamer Erwerb) erfolgt ist, hat die GbR den vereinbarten Zweck in Bezug auf das angeschaffte Gerät erreicht und löst sich (ebenso unbemerkt wie ihre Entstehung) wieder auf. Das heißt, dass ab diesem Zeitpunkt betreffs der abwechselnden Nutzung des Rasentraktors nicht mehr das GbR-Recht greift, da es diesbezüglich nicht mehr um eine gemeinsame Zweckrealisierung geht.

[235] Im Fehlen der Verpflichtung zur Förderung eines über das bloße „Innehaben eines Gegenstandes" hinausgehenden gemeinsamen Zwecks liegt der wesentliche Unterschied zur GbR (vgl. *Palandt/Sprau*, Bürgerliches Gesetzbuch, 75. Aufl. 2016, § 741 Rn. 1).

> [• gemeinsames Interesse: *abwechselnde Nutzung* des Rasentraktors durch die drei Unternehmer
> • kein gemeinsamer Zweck: Realisierung der Unternehmensziele eines jeden einzelnen Unternehmers (Erledigung *seiner* Kundenaufträge)]
> Verfügungsbefugnis des X (+)
> [§ 747 S. 1 BGB[236]: Recht des X, über seinen 1/3-Anteil[237] zu verfügen[238]]

Ergebnis: X hatte das Recht, dem E seinen 1/3-Anteil an dem Rasentraktor im Hinblick auf die damit im Zusammenhang stehende Nutzungsberechtigung zu übertragen.

**Fall 11:**

Der Bauingenieur Ibach (I) und der Student Schaller (S) der BTU Cottbus - Senftenberg haben sich ohne weitere Vereinbarung zusammengeschlossen, um eine von S entwickelte Emulsion zum Schutz von Gemäuern vor Graffiti herzustellen und zu vertreiben.
Als nach mehreren Monaten der Umsatz des „Startup-Unternehmens" immer noch auf sehr niedrigem Niveau stagniert und kaum Gewinn erzielt wird, kauft S namens der Unternehmung „I & S", aber ohne Wissen des I, eine Feinmischmaschine beim Händler H für 3.000 €.
Da die „Unternehmenskasse" leer ist und die Zahlung des Kaufpreises in Höhe von 3.000 € nach erfolgter Lieferung ausbleibt, verlangt H von I die Begleichung der noch offenen Rechnung.
Hat H gegenüber I Anspruch auf Zahlung des Kaufpreises in Höhe von 3.000 €?

**Lösung:**

Fallproblematik: **gesetzliche Vertretung einer GbR**

---

[236] Bei der Bruchteilsgemeinschaft gibt es, anders als bei der GbR, kein vom Vermögen des Teilhabers getrenntes Sondervermögen und deshalb auch keine gesamthänderische Bindung (vgl. § 719 BGB) und keine An- und Abwachsung (§ 738 I BGB). Es gibt nur den gemeinsamen Gegenstand und die an ihm bestehenden Anteilsrechte der Teilhabers, die zu deren Vermögen gehören (vgl. *Palandt/Sprau*, Bürgerliches Gesetzbuch, 75. Aufl. 2016, § 747 Rn. 1).

[237] In diesem Sinne geht es um den quotenmäßigen Anteil an der *Rechtszuständigkeit* (hier: Nutzungsbefugnis) an dem gemeinsamen Gegenstand, über den im Ganzen die Teilhaber gem. § 747 S. 2 BGB nur gemeinsam verfügen können (vgl. *Palandt/Sprau*, Bürgerliches Gesetzbuch, 75. Aufl. 2016, § 741 Rn. 7).

[238] Hinsichtlich des Begriffs „Verfügungen" vgl. Fn. 193.

| | |
|---|---|
| Obersatz: | Möglicherweise hat H (**wer?**) gegenüber I (**von wem?**) Anspruch auf Zahlung des Kaufpreises in Höhe von 3.000 € (**was?**) gem. § 433 II BGB (**woraus?**). |
| Lösungsweg: | I. Anspruch entstanden?<br>Voraussetzung: wirksamer Kaufvertrag zwischen H und der Unternehmung „I & S" im Hinblick auf die daraus resultierende Haftung des I gegenüber H gem. §§ 427, 421 BGB[239]<br>1. Zustandekommen eines Kaufvertrages?[240]<br>Willensübereinkunft beider Vertragsparteien:<br>▶ WE des H: „Ich verpflichte mich, Dir – Unternehmung „I & S" – die Feinmischmaschine zu übergeben und Dich zu deren Eigentümer zu machen." (§ 433 I BGB)  (+)<br>▶ WE seitens des S für die Unternehmung „I & S" gem. § 164 I BGB[241]:<br>[• eigene WE d. Stellvertreters; • Offenkundigkeit d. Stellvertretung] „Ich – S – erkläre[242], dass sich das Unternehmung „I & S"[243] verpflichtet, die Feinmischmaschine abzunehmen und zu bezahlen."<br>(§ 433 II BGB)  (+)<br>Zwischen H und der Unternehmung „I & S" kommt ein Kaufvertrag zustande.<br>2. Wirksamkeit des zustande gekommenen Kaufvertrages?[244] |

> • Vertretungsmacht des S gem. § 164 I BGB?
> (a) rechtsgeschäftliche Vertretungsmacht[245]  (-)
> [Sachverhalt schildert weder Vollmachtserteilung gem. § 166 II S. 1 BGB noch Rechtsscheinvollmacht[246]]

---

[239] Zur gesamtschuldnerischen Haftung aller Gesellschafter einer GbR vgl. Fn. 36.

[240] Hinsichtlich der Voraussetzungen für das Zustandekommen eines Vertrages vgl. Fn. 57.

[241] Hinsichtlich der drei Grundvoraussetzungen einer wirksamen Stellvertretung vgl. Fn. 58.

[242] S gibt eine *eigene Willenserklärung* ab. Insofern tritt er nicht lediglich als Bote auf.

[243] S handelt nach der Sachverhaltsschilderung für H offensichtlich namens der Unternehmung „I & S" (*Offenkundigkeit* der Stellvertretung).

[244] Hinsichtlich der Prüfung der Wirksamkeit eines zustande gekommenen Vertrages vgl. Fn. 61.

[245] Zur Zuordnung von Vertretungsmacht durch Rechtsgeschäft vgl. Fn. 62.

[246] Hinsichtlich der Rechtsscheinvollmacht vgl. Fn. 113.

(b) gesetzliche Vertretungsmacht?[247]

Grundlage: Rechtsform der Unternehmung „I & S"[248]

≠ juristische Person (eG, AG, GmbH, e.V.)

[keine Eintragung in ein entsprechendes Register[249]]

≠ Partnerschaft

[keine freiberufliche Tätigkeit[250] + keine Eintragung in das Partnerschaftsregister gem. § 7 I PartGG]

≠ KG gem. § 161 HGB

[keine Haftungsprivilegierung eines der beiden Gesellschafter[251]]

≠ OHG gem. § 105 HGB

[Sachverhaltsschilderung: • Gewerbe[252] (+)

• nur Kleingewerbe[253] (+)

• keine Eintragung ins HR gem. § 123 I HGB[254] (+)]

= GbR gem. § 705 BGB [• Vertrag, • gemeinsamer Zweck,

• gemeinsame Zweckrealisierung]

---

[247] Zur gesetzlichen Zuordnung von Vertretungsmacht vgl. Fn. 111.

[248] Bei der Suche nach der infrage kommenden Rechtsform der im Sachverhalt geschilderten Unternehmung „I & S" muss von dem methodischen Grundsatz ausgegangen werden, dass die Prüfung nach dem Ausschlussprinzip von der „qualifiziertesten" zur „allgemeinsten" Rechtsform, d.h. von den juristischen Personen (eG, AG, GmbH) ausgehend über die Partnerschaft, die KG und OHG bis zur GbR quasi „von hinten nach vorn" erfolgen muss. Die (allgemeinste) Rechtsform der GbR kommt also immer nur in Betracht, wenn keine andere (speziellere) Gesellschaftsform nach der Sachverhaltsschilderung greift.

[249] Für alle juristischen Personen erfolgt die Eintragung in ein entsprechendes Register (Vereins-, Handels- oder Genossenschaftsregister) mit konstitutiver Rechtswirkung, d.h., dass erst mit der Registereintragung der Rechtsstatus einer juristischen Person entsteht (vgl. ausführlich Fn. 38).

[250] Zu den Besonderheiten freiberuflicher Tätigkeit vgl. Fn. 12.

[251] Gem. § 161 I HGB muss bei einer KG bei mindestens einem Gesellschafter die Haftung gegenüber den Gesellschaftsgläubigern auf den Betrag einer bestimmten Vermögenseinlage beschränkt sein (Kommanditist).

[252] Zu den Merkmalen eines Gewerbes vgl. Fn. 4.

[253] Hinsichtlich der Differenzierung zwischen klein- und handelsgewerblicher Betätigung eines Unternehmens aus der Sicht der Art und des Umfangs der Geschäftstätigkeit vgl. Fn. 7.

[254] Zur konstitutiven Rechtswirkung der Handelsregistereintragung bei lediglich kleingewerblicher Betätigung vgl. Fn. 45.

> GbR-Recht betreffs gesetzlicher Vertretung:
> § 714 BGB: im Zweifel (wenn nichts anderes bestimmt ist)
> = jeder Gesellschafter hat im gleichen Maße,
> wie er geschäftsführungsbefugt[255] ist, auch
> gesetzliche Vertretungsmacht
> § 709 BGB: Grundsatz (wenn nichts anderes bestimmt ist[256])
> = gemeinschaftliche Geschäftsführung[257]
> → gemeinschaftliche Vertretung (Gesamtvertretung)[258]
> Sachverhalt: Gesamtvertretung durch I und S (-)
> Vertretungsmacht des S gem. § 164 I BGB (-)

Wirksamkeit des zustande gekommenen Kaufvertrages (-)

Der zwischen H und der Unternehmung „I & S" zustande gekommene Kaufvertrag ist nicht wirksam.[259]

[keine gesamtschuldnerische Haftung gem. §§ 427, 421 BGB von I und S gegenüber H]

Anspruch ist nicht entstanden.

Ergebnis: H hat gegenüber I keinen Anspruch auf Zahlung des Kaufpreises in Höhe von 3.000 € gem. § 433 II BGB.

---

[255] Die Geschäftsführungsbefugnis betrifft (nur) das „Innenleben" der Gesellschafter zueinander im Hinblick auf Festlegungen zu den Befugnissen der einzelnen Gesellschafter in der Organisationsstruktur des Unternehmens (vgl. ausführlicher Fn. 30).

[256] Gem. § 710 BGB kann im Gesellschaftsvertrag hinsichtlich der Geschäftsführungsbefugnis abweichend vom Grundsatz gemeinschaftlicher Geschäftsführung gem. § 709 I BGB etwas anderes bestimmt werden (z.B. Führung der Geschäfte nur durch bestimmte Gesellschafter).

[257] Der Regelfall nach § 709 I BGB geht davon aus, dass jede Geschäftsführungsmaßnahme der Billigung aller Gesellschafter bedarf (Grundsatz der Einstimmigkeit).

[258] So, wie § 709 I BGB betreffs der Geschäftsführungsbefugnis (nach innen) grundsätzlich das (billigende) Zusammenwirken aller Gesellschafter (Einstimmigkeitsprinzip) bestimmt, muss gem. § 714 BGB im Hinblick auf die gesetzliche (organschaftliche) Vertretung grundsätzlich ebenso von dem Erfordernis gemeinschaftlichen Handelns aller Gesellschafter (hier: I und S) ausgegangen werden.

[259] Die Wirksamkeit des zustande gekommenen Kaufvertrages zwischen H und der Unternehmung „I & S" könnte nur gem. § 177 I BGB durch Genehmigung (§ 184 I BGB = nachträgliche Zustimmung) des I herbeigeführt werden. Da der I aber dem H den Kaufpreis persönlich („aus seiner Tasche") zahlen soll, ist nicht davon auszugehen, dass er dies (Genehmigungserteilung) tut. Insofern könnte sich H mit seiner Zahlungsforderung in Höhe von 3.000,- € gem. § 179 I BGB nur an S (Vertreter ohne Vertretungsmacht) wenden.

**Fall 12:**

Die beiden Bauunternehmer A und B schließen ihre Einzelunternehmen zu einem gemeinsamen Betrieb „Baustoffhandlung A & B GbR" zusammen. Dieses Unternehmen beschäftigt bereits ein halbes Jahr nach seiner Gründung 55 Arbeitnehmer, darunter einen Bilanzbuchhalter, und unterhält insgesamt 3 Filialen in Potsdam, Cottbus und Frankfurt/Oder.

Zu dieser Zeit kauft A ohne Wissen des B im Namen der „Baustoffhandlung A & B GbR" von D einen Baukran.

Als der Baukran angeliefert wird, bricht zwischen A und B ein heftiger Streit aus. B ist der klaren Auffassung, dass ihn A vor dem Kauf hätte informieren und er sein Einverständnis ausdrücklich hätte erklären müssen. Da A das jedoch nicht getan hat, sei nach Meinung des B der Baukran nicht namens des gemeinsamen Betriebes erworben worden. Demnach müsse A den Baukran auch ganz allein aus „seiner eigenen Tasche" bezahlen.

Als A dann den Baukran ausprobiert, macht er – trotz einer entsprechenden Betriebserlaubnis und seiner langjährigen Erfahrungen im Umgang mit Baukränen – einen Bedienungsfehler und beschädigt mit dem Ausleger den LKW des E, der auf der Straße vor dem Geschäft abgestellt ist. Diesbezüglich spottet B: „Das ist die gerechte Strafe. Nun musst du auch noch ganz allein aus deiner Tasche dem E den Schaden ersetzen."

A hingegen kontert mit der alten Spruchweisheit: „Mitgegangen, mitgefangen, mitgehangen!" und erklärt dem B, dass er unter Umständen ebenso allein sowohl von D als auch von E betreffs ihrer jeweiligen Ansprüche „gegriffen" werden könnte.

a) Kann D unter Umständen Zahlung des Kaufpreises für den Baukran auch von B ganz allein verlangen?

b) Kann E sich mit seinem Haftungsanspruch nur an den deliktisch handelnden A halten oder haftet unter Umständen auch B für den Schaden, den A dem E zufügte?

**Lösung:**

Fallproblematik: **gesetzliche Vertretung und Organhaftung einer OHG**

Obersatz zu a): Möglicherweise hat D (**wer?**) gegenüber B (**von wem?**) Anspruch auf Zahlung des Kaufpreises für den Baukran (**was?**) gem. § 433 II BGB (**woraus?**).

Lösungsweg: I. Anspruch entstanden?

Voraussetzung: wirksamer Kaufvertrag zwischen D und der „Baustoffhandlung A & B GbR" im Hinblick auf die daraus resultierende Haftung des B gegenüber D gem. §§ 427, 421 BGB[260]

---

[260] Zur gesamtschuldnerischen Haftung aller Gesellschafter einer GbR vgl. Fn. 36.

1. Zustandekommen eines Kaufvertrages?[261]

Willensübereinkunft beider Vertragsparteien:

▶ WE des D: „Ich verpflichte mich, Dir – „Baustoffhandlung A & B GbR" – den Baukran zu übergeben und Dich zu dessen Eigentümer zu machen."

(§ 433 I BGB) (+)

▶ WE seitens des A für die „Baustoffhandlung A & B GbR" gem. § 164 I BGB[262]:

[• eigene WE d. Stellvertreters; • Offenkundigkeit d. Stellvertretung]

„Ich – A – erkläre[263], dass sich die „Baustoffhandlung A & B GbR"[264] verpflichtet, den Baukran abzunehmen und zu bezahlen."

(§ 433 II BGB) (+)

Zwischen D und der „Baustoffhandlung A & B GbR" kommt ein Kaufvertrag zustande.

2. Wirksamkeit des zustande gekommenen Kaufvertrages?[265]

- - - - - - - - - - - - - - - - - - - - - - - - - - - - - - - - - - - - - - - - -

• Vertretungsmacht des A gem. § 164 I BGB?

(a) rechtsgeschäftliche Vertretungsmacht[266] (-)

[Sachverhalt schildert weder Vollmachtserteilung gem. § 166 II S. 1 BGB noch Rechtsscheinvollmacht[267]]

(b) gesetzliche Vertretungsmacht?[268]

Grundlage: Rechtsform „Baustoffhandlung A & B GbR"

Prüfung: Rechtsform der GbR tatsächlich zulässig?[269]

- - - - - - - - - - - - - - - - - - - - - - - - - - - - - - - - - - - - - - - - -

---

[261] Hinsichtlich der Voraussetzungen für das Zustandekommen eines Vertrages vgl. Fn. 57.

[262] Hinsichtlich der drei Grundvoraussetzungen einer wirksamen Stellvertretung vgl. Fn. 58.

[263] A gibt eine *eigene Willenserklärung* ab. Insofern tritt er nicht lediglich als Bote auf.

[264] A handelt nach der Sachverhaltsschilderung für D offensichtlich namens der „Baustoffhandlung A & B GbR" (*Offenkundigkeit* der Stellvertretung).

[265] Hinsichtlich der Prüfung der Wirksamkeit eines zustande gekommenen Vertrages vgl. Fn. 61.

[266] Zur Zuordnung von Vertretungsmacht durch Rechtsgeschäft vgl. Fn. 62.

[267] Hinsichtlich der Rechtsscheinvollmacht vgl. Fn. 113.

[268] Zur gesetzlichen Zuordnung von Vertretungsmacht vgl. Fn. 111.

[269] Hinsichtlich der infrage kommenden Rechtsform der im Sachverhalt geschilderten Unternehmung vgl. Fn. 248.

Prinzip des „Typenzwangs"[270]
- ▶ GbR gem. § 705 BGB?
  - Vertrag (+)
    [Sachverhalt: Zusammenschluss der beiden Unternehmer A und B]
  - gemeinsamer Zweck (+)
    [Baustoffhandel]
  - gemeinsame Zweckrealisierung?
    [mittels eines nach Art[271] und Umfang[272] in kaufmännischer Weise eingerichteten Geschäftsbetriebs[273] = Handelsgewerbe; lex specialis[274]: § 105 I HGB = „*Eine Gesellschaft* (bürgerlichen Rechts), *deren Zweck auf den Betrieb eines Handelsgewerbes ... gerichtet ist, ist eine offene Handelsgesellschaft ...*"]
- ▶ OHG gem. § 105 I HGB (+)
  - aber : § 106 HGB = HR-Eintragung?
    [hier: keine Eintragung ins Handelsregister]
    § 123 II HGB: Eintragung hat nur deklaratorische Rechtswirkung [Beginn der *handelsgewerblichen* Geschäfte entscheidend[275]]

---

[270] Ausgehend von dem grundlegenden Prinzip des Gesellschaftsrechts, dem „*numerus clausus*" (vgl. Fn. 28), sind die Personen, die sich privatrechtlich mittels Vertrag zusammenschließen wollen, um einen gemeinsamen Zweck zu verfolgen, bei der Ausgestaltung des Vertrages in ihrem Gestaltungsspielraum durch gesetzgeberische Vorgaben eingeschränkt. Es besteht ein sogenannter *Typenzwang*, wonach der Gesetzgeber abschließend die Möglichkeiten des Personenzusammenschlusses in Form verschiedener Gesellschaftstypen vorgibt und somit den rechtlichen Handlungsrahmen der Partner eines Gesellschaftsvertrages klar bestimmt.

[271] Hinsichtlich der Art der Geschäftstätigkeit vgl. Fn. 5.

[272] Hinsichtlich des Umfangs der Geschäftstätigkeit vgl. Fn. 6.

[273] Hinsichtlich der Prüfung der klein- oder handelsgewerblichen Betätigung eines Unternehmens aus der Sicht der Art und des Umfangs der Geschäftstätigkeit vgl. Fn. 7.

[274] „Lex specialis derogat legi generali." = Das spezielle Gesetz geht dem allgemein gehaltenen Gesetz vor.

[275] Hinsichtlich der Entstehung der Rechtsform der OHG bei handelsgewerblicher Betätigung, entgegen der grundsätzlichen Regelung in § 123 I HGB, vgl. Fn. 43.

> OHG-Recht betreffs gesetzlicher Vertretung:
> § 125 I HGB: Grundsatz (wenn nichts anderes bestimmt ist[276])
> = jeder Gesellschafter ist einzeln zur Vertretung
> der Gesellschaft ermächtigt (Sachverhalt)     (+)
> Vertretungsmacht des A gem. § 164 I BGB       (+)

Wirksamkeit des zustande gekommenen Kaufvertrages (+)

Der zwischen D und der „Baustoffhandlung A & B GbR"[277] zustande gekommene Kaufvertrag ist wirksam.

[gesamtschuldnerische Haftung gem. § 128 HGB[278] i.V.m. § 421 BGB[279] von A und B gegenüber D]

Anspruch ist entstanden.

II. Anspruch nicht untergegangen?     (+)

[B kann gegen den Anspruch des D keine rechtsvernichtenden Einwendungen[280] vortragen.]

---

[276] Im Gesellschaftsvertrag kann hinsichtlich der Vertretung abweichend vom Grundsatz der Einzelvertretungsbefugnis eines jeden Gesellschafters gem. § 125 I 1. HS HGB auch • der *Ausschluss der Vertretungsmacht* für einzelne Gesellschafter gem. § 125 I 2. HS HGB, aber auch • *echte Gesamtvertretung* (von Gesellschaftern) gem. § 125 II HGB und • *unechte Gesamtvertretung* (von Gesellschaftern mit einem Prokuristen) gem. § 125 III HGB (nur rechtlich anerkannt, wenn dadurch nicht verbotene „Fremdorganschaft" entsteht, die dem mit Prokura ausgestatteten Angestellten quasi die Rechtsmacht über die OHG nach außen vermitteln würde) bestimmt werden. Für die KG gilt hingegen für den (beschränkt haftenden) Kommanditisten gem. § 170 HGB, dass dieser nicht zur (gesetzlichen) Vertretung ermächtigt ist (aber natürlich als rechtsgeschäftlicher Vertreter agieren kann).

[277] Die „Baustoffhandlung A & B GbR" ist in Wirklichkeit aufgrund zwingender rechtlicher Bestimmung gem. § 105 I HGB eine OHG, die jedoch entgegen der ebenfalls zwingenden firmenrechtlichen Regelung in § 19 I Nr. 2 HGB ihre wahre Rechtsform nach außen nicht präsentiert. Dies ändert aber nichts an der Tatsache, dass für dieses Unternehmen das OHG-Recht – so also auch die Regelung des § 125 I HGB – zur Anwendung gelangt.

[278] Der Gesetzgeber regelt in § 128 HGB für die OHG (noch einmal ausdrücklich) die für alle Personengesellschaften geltende gesamtschuldnerische Haftung gem. § 421 BGB, die gem. § 105 III HGB mit dem Verweis auf das GbR-Recht (§§ 705 ff. BGB) über die allgemeine schuldrechtliche Regelung in § 427 BGB ebenso hergeleitet werden könnte. Mittels dieser Haftungsregelung wird aber noch einmal, ausgehend von der ausdrücklichen rechtlichen Zuordnung eigener Rechtsfähigkeit der OHG in § 124 HGB, das rechtliche Wesen der OHG als Personengesellschaft und nicht als juristische Person ohne „Wenn und Aber" klargestellt.

[279] Träger der namens der OHG begründeten Verpflichtung gegenüber D zur Kaufpreiszahlung gem. § 433 II BGB ist nicht ein von den Gesellschaftern A und B verschiedenes Rechtssubjekt, sondern es sind die gesamthänderisch verbundenen Gesellschafter A und B, die demzufolge auch gesamtschuldnerisch dem D den Kaufpreis zu leisten haben (vgl. *Baumbach/Hopt*, HGB, 37. Aufl. 2016, § 124 Rn. 1).

[280] Hinsichtlich rechtsvernichtender Einwendungen vgl. Fn. 49.

|  |  |  |
|---|---|---|
|  | III. Anspruch durchsetzbar? | (+) |
|  | [B kann gegen den Anspruch des D keine rechtshemmenden Einreden[281] vortragen.] |  |
| Ergebnis zu a): | D hat gegenüber B Anspruch auf Zahlung des Kaufpreises für den Baukran gem. § 433 II BGB. |  |
| Obersatz 1 zu b) | Möglicherweise kann E (**wer?**) von A (**von wem?**) Schadenersatz betreffs des beschädigten LKWs (**was?**) gem. § 823 I BGB (**woraus?**) verlangen. |  |
| Lösungsweg: | I. Anspruch entstanden? |  |
|  | 1. Tatbestandsmäßigkeit[282] | (+) |
|  | [• Eigentumsverletzung des E |  |
|  | • durch Handlung des A (Ausprobieren des Baukrans)] |  |
|  | 2. Widerrechtlichkeit[283] | (+) |

---

[281] Hinsichtlich rechtshemmender Einreden vgl. Fn. 120.

[282] Hier geht es um die Prüfung des vom Gesetzgeber vorgegebenen *objektiven Tatbestands* der Verletzung bestimmter geschützter Rechte bzw. Rechtsgüter. Dazu zählen ausdrücklich das *Leben* (Tötung eines Menschen), der *Körper* (rein äußerliche Verletzung eines Menschen), die *Gesundheit* (Störung der inneren Funktionen eines Menschen), die *Freiheit* (körperliche Bewegungsfreiheit eines Menschen) und das *Eigentum* (wirksame Verfügungen eines Nichtberechtigten, Beeinträchtigung der Sachsubstanz durch Beschädigung oder Zerstörung, Beeinträchtigung des Sachgebrauchs i.S.d. § 903 BGB). Darüber hinaus schützt der Gesetzgeber auch noch „sonstige Rechte", die ebenso wie die konkret aufgezählten sich als *absolute Rechte* darstellen müssen. Hierzu zählen insbesondere das allgemeine Persönlichkeitsrecht des Menschen, gewerbliche Schutzrechte und das Recht am eingerichteten und ausgeübten Gewerbebetrieb (vgl. BGHZ 29, 65, 70 und hier: Fall 6). Nicht in den Schutzbereich des § 823 I BGB fällt hingegen ein reiner Vermögensschaden, der sich nicht aus der Verletzung der aufgezählten geschützten Rechte bzw. Rechtsgüter herleitet. Es ist also auf dieser Ebene zu prüfen, ob im Sachverhalt eine entsprechende Rechts- bzw. Rechtsgutverletzung geschildert wird, die dem Verhalten (Tun oder Unterlassen) des vermeintlichen Haftungsadressaten angelastet werden kann („*haftungsbegründende Kausalität*").

[283] Hier geht es um das Unrechtsurteil der Rechts- bzw. Rechtsgutverletzung. Diesbezüglich bestehen in der Rechtsprechung und Lehre zwei prinzipiell unterschiedliche Anschauungen betreffs der Bezugsebene einer entsprechenden Beurteilung. Die eine (traditionelle) Ansicht fokussiert den eingetretenen Erfolg, also die Rechts- bzw. Rechtsgutverletzung (*Lehre vom Erfolgsunrecht*); die andere Auffassung (zuerst Nipperdey NJW 1957, 1777) stellt die ursächliche Handlung des Schädigers an den Anfang der Betrachtung (*Lehre vom Handlungsunrecht*). Demzufolge greifen auch zwei unterschiedliche Arten der Beweisführung auf dieser Prüfungsebene: Während nach der Lehre vom Erfolgsunrecht das Unrechtsurteil durch den tatbestandsmäßigen Erfolg indiziert und damit festgestellt ist und der Schädiger demzufolge die Beweislast betreffs der Widerlegung des Unrechtsurteils (§§ 227 ff. BGB = Notwehr, Notstand; §§ 677, 683 BGB = GoA) trägt, muss nach der anderen Lehre das Unrechtsurteil auf die konkrete Handlung bezogen in jedem Einzelfall erst festgestellt und vom Geschädigten bewiesen werden.

[sowohl nach der Lehre vom *Erfolgsunrecht*:
Tatbestandsmäßigkeit indiziert die Rechtswidrigkeit und
kein Rechtfertigungsgrund (§§ 227 ff. BGB) ersichtlich
als auch nach der Lehre vom *Handlungsunrecht*:
nicht fachgerechte Handhabung des Baukrans begründet
das Unrechtsurteil]

3. Verschulden[284] (+)
[• Verschulden gem. § 276 BGB?[285]
(Fahrlässigkeit gem. § 276 II BGB: Bedienungsfehler!)
• Verschuldensfähigkeit?[286]]

4. Schaden[287] (+)
[Handlung ⟶ Rechtsgutverletzung ⟶ Schaden]
Anspruch ist entstanden.

II. Anspruch nicht untergegangen? (+)
[A kann gegen den Anspruch des E keine rechtsvernichtenden
Einwendungen[288] vortragen.]

III. Anspruch durchsetzbar? (+)
[A kann gegen den Anspruch des E keine rechtshemmenden
Einreden[289] vortragen.]

---

[284] Hierbei geht es um die persönliche Vorwerfbarkeit von Handlung und Erfolg betreffs der Verletzungshandlung, also um den *subjektiven Tatbestand* vorsätzlichen oder fahrlässigen Handelns, wofür regelmäßig der Geschädigte die Beweislast trägt.

[285] Diesbezüglich steht neben dem Vorsatz grundsätzlich die gesamte Palette fahrlässigen Handelns (leichte, mittlere und grobe Fahrlässigkeit) zur Debatte. Wenn allerdings die unerlaubte Handlung sich auch gleichzeitig als Verletzung von Pflichten aus einem vertraglichen oder gesetzlichen Schuldverhältnis darstellt, dann greifen entsprechende Haftungsausschlüsse aufgrund konkreter gesetzlicher Haftungsprivilegien (z.B. §§ 521, 599, 690, 708 BGB) auch im Rahmen der deliktischen Haftung gem. §§ 823 ff. BGB (BGHZ 46, 140, 142; 93, 23, 29). Vertraglich vereinbarte Haftungsbeschränkungen (Haftungsfreizeichnungen) greifen hingegen nur dann auch auf die deliktrechtliche Haftung, wenn das die Vertragspartner bei Vertragsübereinkunft auch tatsächlich wollten.

[286] Hierbei geht es regelmäßig (vgl. § 276 I S. 2 BGB) um die Prüfung der §§ 827, 828 BGB, wenn die Sachverhaltsschilderung (Unzurechnungsfähigkeit oder Minderjährigkeit des deliktisch Handelnden) konkret Anlass bietet, die Frage der Verschuldensfähigkeit bei der Begutachtung des Rechtsfalls aufzuwerfen.

[287] Aus der rechtswidrigen, schuldhaften Verletzungshandlung muss ein ersatzfähiger Schaden gem. §§ 249 ff. BGB (Vermögens- oder Nichtvermögensschaden) resultieren („*haftungsausfüllende Kausalität*").

[288] Hinsichtlich rechtsvernichtender Einwendungen vgl. Fn. 49.

[289] Hinsichtlich rechtshemmender Einreden vgl. Fn. 120.

Ergebnis 1 zu b): E kann von A gem. § 823 I BGB Schadenersatz betreffs des beschädigten LKWs verlangen.

Obersatz 2 zu b): Es ist zu prüfen, ob neben dem deliktisch handelnden A auch die „Baustoffhandlung A & B GbR" für den bei E eingetretenen Schaden an dessen LKW verantwortlich ist und insofern gem. § 128 HGB unter Umständen (auf Verlangen des E) auch B persönlich Schadenersatz leisten muss.

Lösungsweg: gesamtschuldnerische Haftung gem. § 128 HGB i.V.m. § 421 BGB für alle Gesellschaftsverbindlichkeiten[290]

§ 31 BGB: Zurechnung des Handelns der verfassungsmäßig berufenen Vertreter eines Vereins als *eigenes* Handeln des Vereins[291] (OHG selbst als Träger deliktischen Handelns[292])

- A = verfassungsmäßig berufener (gesetzlicher) Vertreter der OHG (+)
  [§ 125 I HGB (s.o.)]
- zum Schadensersatz verpflichtende Handlung des A (+)
  [Schadenersatzpflicht des A gegenüber E gem. § 823 I BGB (s.o.)]
- Handlung in Ausführung der dem A zustehenden Verrichtungen[293] (+)
  [A handelt mit entsprechender Betriebserlaubnis und auf der Grundlage langjähriger Erfahrung, also durchaus im Rahmen seines Aufgabenkreises]

---

[290] Zu den Gesellschaftsverbindlichkeiten zählen alle Verbindlichkeiten, egal aus welchem Rechtsgrund (Vertrag, ungerechtfertigte Bereicherung, Delikt, Gefährdungshaftung, ...) diese resultieren (vgl. *Baumbach/Hopt*, HGB, 37. Aufl. 2016, § 128 Rn. 2).

[291] § 31 BGB ist insofern keine haftungsbegründende, sondern eine haftungszuweisende Norm (vgl. *Palandt/ Ellenberger*, Bürgerliches Gesetzbuch, 75. Aufl. 2016, § 31 Rn. 2).

[292] Andere Auffassung hierzu: *Altmeppen*, NJW 1996, S. 1017.

[293] Zwischen der schädigenden Handlung und dem Aufgabenkreis des Organvertreters (hier: A) muss ein sachlicher, nicht bloß ein zufälliger zeitlicher und örtlicher Zusammenhang bestehen (BGHZ 49, 19; 98, 148). Nicht erforderlich ist hingegen, dass die Handlung durch die Vertretungsmacht des Organs gedeckt war. Insofern erstreckt sich die rechtliche Regelung des § 31 BGB auch und gerade auf Fälle, in denen das Organ seine Vertretungsmacht überschritten hat (vgl. *Palandt/ Ellenberger*, Bürgerliches Gesetzbuch, 75. Aufl. 2016, § 31 Rn. 10).

> - analoge Anwendung auf OHG (+)
>   [entsprechende Anwendung auf OHG höchstrichterlich anerkannt[294]]
>   ▶ Schadenersatzpflicht des A gegenüber E gem. § 823 I BGB (s.o.) wird gem. § 31 BGB analog der OHG als deren Verbindlichkeit „zugeordnet"
>   ▶ § 128 HGB i.V.m. § 421 BGB: gesamtschuldnerische Haftung von A und B für diese Gesellschaftsverbindlichkeit

Ergebnis 2 zu b): Auf Verlangen des E ist auch B gegenüber E gem. § 31 BGB analog zur Leistung des Schadenersatzes auf der Grundlage des § 823 I BGB sowie § 128 HGB i.V.m. § 421 BGB verpflichtet.

---

[294] Zur höchstrichterlichen Anerkennung einer entsprechenden Anwendung des § 31 BGB auf die *OHG* vgl. BGH NJW 1952, S. 538. Darüber hinaus gilt (ganz selbstverständlich) § 31 BGB für *alle juristischen Personen*, da ja der e.V. den „Prototyp" aller juristischen Personen darstellt (siehe Einleitung S. XXI, XXII). Ebenso ist nunmehr (BGHZ 154, 88; Schmidt, NJW 2003, S. 1897) auch die entsprechende Anwendung des § 31 BGB auf die *GbR* anerkannt, nachdem auch für die GbR deren Rechtsfähigkeit Anerkennung gefunden hat (Grundlagenurteil: BGHZ 146, 341; BGH NJW 2001, 1056).

**Fall 13:**

In der ABC-OHG in Cottbus folgt eine Krise der anderen. Die Gesellschafter streiten sich täglich über die Ursachen und Auswirkungen der schlechten Geschäftslage.
Endlich hat A genug und erklärt im November: "Ich steige zum Jahresende aus".
Im Gesellschaftsvertrag wurde keine Vereinbarung über das Ausscheiden von Gesellschaftern getroffen. Deshalb setzen sich A, B und C aus aktuellem Anlass zu einer Krisensitzung zusammen, vereinbaren die Fortführung des Geschäfts durch B und C, eine Abfindung für A und des Weiteren für A einen Haftungsausschluss, der mit dem Tag des Ausscheidens aus der Gesellschaft am 31.12.2015 wirksam werden soll.
A verlässt den Betrieb zur vereinbarten Zeit und wendet sich neuen unternehmerischen Zielen zu.
Eine Eintragung wegen des Ausscheidens von A wird im Januar 2016 beim Handelsregister beantragt und dort am 6.4.2016 veröffentlicht.
Im Mai 2016 gerät die OHG in Zahlungsschwierigkeiten.

a) Ein Gläubiger (G 1) wendet sich im Mai 2016 an A und verlangt von ihm betreffs einer Warenlieferung auf der Grundlage eines am 12.2.2016 mit der ABC-OHG abgeschlossenen Kaufvertrages vollständige Zahlung des Kaufpreises in Höhe von 6.000 €. Haftet A für diese Verbindlichkeit der OHG?

b) Ein anderer Gläubiger (G 2) wendet sich im Juni 2016 an A und verlangt von ihm die Erfüllung der Mietforderung für den laufenden Monat über 1.500 € aus einem am 1.4.2011 mit der OHG abgeschlossenen Mietvertrag. Muss A hier für die Verbindlichkeit der OHG haftungsrechtlich einstehen?

**Lösung:**

zu a)

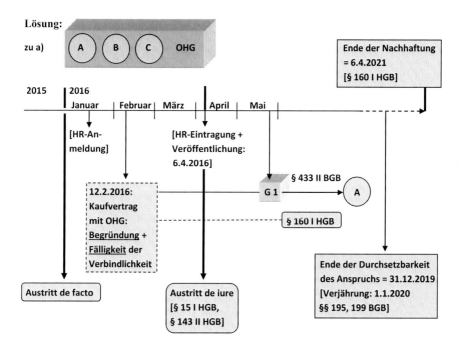

Fallproblematik: **Nachhaftung ausscheidender OHG-Gesellschafter**

Obersatz zu a): Es ist zu prüfen, ob A nach seinem Ausscheiden aus der OHG noch für deren Zahlungsverbindlichkeit (Kaufpreiszahlung) in Höhe von 6.000 € gem. § 433 II BGB gegenüber G 1 haftet.

Lösungsweg: Rechtsgrundlage: § 160 I HGB

Nachhaftung des A für Ansprüche aus der persönlichen Haftung für Gesellschaftsverbindlichkeiten[295] gem. § 128 HGB i.V.m. § 421 BGB begrenzt auf fünf Jahre[296]

Voraussetzungen:

1. **Begründung** der Verbindlichkeit (noch) vor dem Ausscheiden aus der OHG?

• wirksamer Kaufvertrag zwischen G 1 und der ABC-OHG im Hinblick auf die daraus resultierende Haftung des A gegenüber G 1 gem. § 128 HGB[297] i.V.m. § 421 BGB[298] (+)

[Sachverhalt: Vertragsschluss am 12.2.2016]

• A ist bei Vertragsschluss am 12.2.2016 (noch) Gesellschafter der ABC-OHG (+)

---

[295] Diese Haftung betrifft alle Gesellschaftsverbindlichkeiten (z.B. aus Vertrag, ungerechtfertigter Bereicherung, Delikt, Gefährdungshaftung, arbeitsrechtlichen Pensionszusagen), für die die Gesellschafter gem. §§ 128 ff. HGB persönlich einstehen müssen.

[296] Eine solche zeitliche Begrenzung der Haftung wurde 1994 mit dem NachhBG als *allgemeiner Grundsatz* eingeführt für die Nachhaftung • eines früheren Geschäftsinhabers, der sein Unternehmen veräußert hat (§ 26 HGB) bzw. der Kommanditist geworden ist (§ 28 III HGB), • eines ausgeschiedenen bzw. Kommanditist gewordenen persönlich voll haftenden Gesellschafters einer OHG/KG (§ 160 HGB) sowie • eines ausgeschiedenen GbR-Gesellschafters (§ 736 II BGB).

Vor dieser Regelung einer echten zeitlichen Begrenzung der Nachhaftung (*Ausschlussfrist*) galt gem. §§ 26, 159 HGB (alte Fassungen) eine (Sonder)*Verjährung* von fünf Jahren, die jedoch immer erst mit *Eintritt der Fälligkeit* des Gläubigeranspruchs begann, wodurch vor allem bei Dauerschuldverhältnissen wie Arbeitsverträgen und Ruhegeldzusagen quasi eine nicht sachgerechte unbegrenzte Nachhaftung gesetzlich verankert war. Die Rechtsprechung zu einer sachgerechten Begrenzung dieses (quasi unbegrenzten) Haftungsrisikos nach altem Recht war uneinheitlich und bot demzufolge keine befriedigende Lösung des Problems (vgl. *Baumbach/Hopt*, HGB, 37. Aufl. 2016, § 26 Rn. 1, 2).

[297] Hinsichtlich der ausdrücklichen rechtlichen Regelung der gesamtschuldnerischen Haftung aller OHG-Gesellschafter im HGB vgl. Fn. 278.

[298] Hinsichtlich der gesamthänderisch verbundenen Gesellschafter als Träger der namens der OHG begründeten Verbindlichkeiten vgl. Fn. 279.

> [de facto Ausscheiden: 31.12.2015 gem. § 131 III Nr. 6 HGB
> de iure Ausscheiden: 6.4.2016 (Gläubigerschutz!)
> gem. § 15 I HGB[299] i.V.m. § 143 II HGB[300];
> für den ahnungslosen[301] G 1 gilt A noch
> als Gesellschafter der ABC-OHG]

2. **Fälligkeit** der Verbindlichkeit vor Ablauf der Fünf-Jahresfrist (+)
   [hier: gem. § 271 I BGB mit Abschluss des Kaufvertrages am 12.2.2016]

3. **Feststellung des Anspruchs** gegen den ausgeschiedenen Gesellschafter gem. § 160 I HGB in einer in § 197 I Nr. 3 – 5 BGB bezeichneten Art[302] oder Vornahme/Beantragung einer gerichtlichen bzw. behördlichen Vollstreckungshandlung[303]
   [Gem. § 160 II HGB ist eine solche gerichtliche Rechtsverfolgung entbehrlich, wenn der ausgeschiedene Gesellschafter den gegen ihn geltend gemachten Anspruch schriftlich anerkennt.]

---

[299] Das Handelsregister genießt öffentlichen Glauben (ähnlich dem des Grundbuchs). Das heißt, man kann sich (gutgläubig) auf die rechtlichen Tatsachen stützen, die das Handelsregister nach außen vermittelt. So brauchen außenstehende (ahnungslose) Dritte gem. § 15 I HGB nicht mit Tatsachen zu rechnen, die trotz Eintragungspflicht nicht eingetragen und bekannt gemacht worden sind (Schutz des Vertrauens auf das Schweigen des Handelsregisters = *negative Publizität*). Maßgebend hierfür ist der Zeitpunkt des entsprechenden Rechtsvorgangs, aus dem der außenstehende Dritte Rechte herleitet (hier: Vertragsschluss am 12.2.2016).

[300] § 143 II HGB regelt (zwingend), dass das Ausscheiden eines OHG-Gesellschafters nach außen durch Eintragung in das Handelsregister kundgetan werden muss. Diese Eintragungspflicht soll den außenstehenden Geschäftspartner einer OHG insbesondere in seinem Vertrauen auf die gesamtschuldnerische Haftung aller OHG-Gesellschafter schützen. Wer zum Zeitpunkt des Geschäftsabschlusses mit der OHG tatsächlich (noch) Gesellschafter ist, kann zum Beispiel nicht aus der Firmenbezeichnung abgeleitet werden, da auch nach Ausscheiden eines OHG-Gesellschafters die Firma gem. § 24 I HGB („*...auch wenn sie Namen von* (ausgeschiedenen) *Gesellschaftern enthält.*") fortgeführt werden kann (Prinzip der Firmenbeständigkeit).

[301] Da der Sachverhalt nicht ausdrücklich die am Ende des § 15 I HGB geregelte *Ausnahme* bezüglich der Kenntnis der einzutragenden Tatsache („*... es sei denn, daß sie diesem bekannt war.*") schildert, bleibt es bei dem davor geregelten *Grundsatz* (Schutz des Vertrauens auf das Schweigen des Handelsregisters).

[302] Hierbei geht es darum, dem Anspruch gegenüber dem ausgeschiedenen Gesellschafter („*...Ansprüche gegen ihn ...*"), also nicht gegenüber der Gesellschaft, auf gerichtlichem Wege Rechtskraft bzw. Vollstreckbarkeit zu verleihen. Hinsichtlich der Dispositivität des § 160 I HGB zu dieser Notwendigkeit der besonderen gerichtlichen Feststellung oder Vollstreckungshandlung vgl. Fn. 304.

[303] Gem. § 160 I S. 3 HGB führen die Maßnahmen der Rechtsverfolgung zur Hemmung (Unterbrechung) des Fristablaufs.

> ▶ Einwand des vereinbarten Haftungsausschlusses entgegen § 160 HGB?
> - Gläubigerschutz: Weiterhaftung des ausgeschiedenen Gesellschafters! (kann nicht durch Vereinbarung zwischen den Gesellschaftern mit Wirkung *nach außen* ausgeschlossen werden)[304]
> - Wirksamkeit der Vereinbarung *nach innen* zwischen den Gesellschaftern?
>
>   § 426 I BGB: die Gesamtschuldner (hier: A, B und C) sind *grundsätzlich* im Verhältnis zueinander zu gleichen Anteilen (hier: je 1/3) ausgleichspflichtig, wenn nicht ein anderes (*ausnahmsweise*) bestimmt ist
>
>   hier: andere Bestimmung = Haftungsausschluss des A
>   → A kann von B + C einen vollständigen Ausgleich in Höhe von 6.000 € fordern, wenn er tatsächlich von G 1 entsprechend zur (vollen) Haftung herangezogen wird.

Ergebnis zu a): A haftet nach seinem Ausscheiden aus der OHG noch für deren Zahlungsverbindlichkeit (Kaufpreiszahlung) in Höhe von 6.000 € gem. § 433 II BGB gegenüber G 1 nur (in Ermangelung einer anders lautenden Vereinbarung[305]) bei entsprechender gerichtlicher Feststellung bzw. schriftlicher Anerkennung des Anspruchs gem. § 160 I, II HGB.

---

[304] Die Nachhaftungsbegrenzungsregelungen (§§ 26, 28 III, 160 HGB, § 736 II BGB) lassen durchaus abweichende Vereinbarungen zu. Die Dispositivität betrifft aber nach der Gesetzesgeschichte des NachhBG nur die Notwendigkeit der besonderen gerichtlichen Feststellung oder Vollstreckungshandlung. Ebenso möglich ist eine Vereinbarung (mit dem jeweiligen Gläubiger!), die die Nachhaftungsbegrenzung (fünf Jahre) beseitigt. Eine solche abbedingende Vereinbarung (Prolongationsabrede, aber auch Bestellung einer eigenen persönlichen Sicherung des Gesellschafters für Verbindlichkeiten der Gesellschaft) ist vor allem bei langfristigen Darlehen, Miet-, Pacht- und ähnlichen Verträgen wichtig, bei denen es dem Vertragspartner auf die (unbegrenzte) Forthaftung der ursprünglichen Vertragspartner ankommt (vgl. *Baumbach/Hopt*, HGB, 37. Aufl. 2016, § 26 Rn. 12, § 160 Rn. 8).

[305] Hinsichtlich der Dispositivität des § 160 I HGB betreffs der Notwendigkeit der besonderen gerichtlichen Feststellung oder Vollstreckungshandlung vgl. Fn. 304.

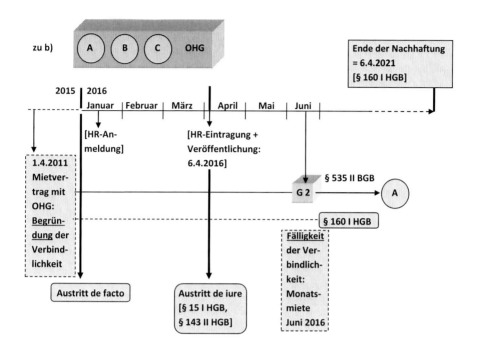

Obersatz zu b): Es ist zu prüfen, ob A nach seinem Ausscheiden aus der OHG noch für deren Zahlungsverbindlichkeit (Miete für den Monat Juni 2016) in Höhe von 1.500 € gem. § 535 II BGB gegenüber G 2 haftet.

Lösungsweg: Rechtsgrundlage: § 160 I HGB (s.o.)

Voraussetzungen:

1. **Begründung** der Verbindlichkeit (noch) vor dem Ausscheiden aus der OHG?
   - wirksamer Mietvertrag zwischen G 2 und der ABC-OHG im Hinblick auf die daraus resultierende Haftung des A gegenüber G 2 gem. § 128 HGB[306] i.V.m. § 421 BGB[307]   (+)
   [Sachverhalt: Vertragsschluss am 1.4.2011]

---

[306] Hinsichtlich der ausdrücklichen rechtlichen Regelung der gesamtschuldnerischen Haftung aller OHG-Gesellschafter im HGB vgl. Fn. 278.

[307] Hinsichtlich der gesamthänderisch verbundenen Gesellschafter als Träger der namens der OHG begründeten Verbindlichkeiten vgl. Fn. 279.

- A ist bei Vertragsschluss am 1.4.2011 Gesellschafter der
  ABC-OHG (+)
  [zu diesem Zeitpunkt war A in jedem Fall Gesellschafter
  der ABC-OHG[308]]
2. **Fälligkeit** der Verbindlichkeit vor Ablauf der Fünf-Jahresfrist (+)
  [hier: Miete für den Monat Juni 2016 in Höhe von 1.500 €
  fällig]
3. **Feststellung des Anspruchs** gegen den ausgeschiedenen Gesellschafter gem. § 160 I HGB in einer in § 197 I Nr. 3 – 5 BGB bezeichneten Art[309] oder Vornahme/Beantragung einer gerichtlichen bzw. behördlichen Vollstreckungshandlung[310]
  [Gem. § 160 II HGB ist eine solche gerichtliche Rechtsverfolgung entbehrlich, wenn der ausgeschiedene Gesellschafter den gegen ihn geltend gemachten Anspruch schriftlich anerkennt.]

Ergebnis zu b): A haftet nach seinem Ausscheiden aus der OHG noch für deren Zahlungsverbindlichkeit (Mietzahlung für den Monat Juni 2016[311]) in Höhe von 1.500 € gem. § 535 II BGB gegenüber G 2 <u>nur</u> (in Ermangelung einer anders lautenden Vereinbarung[312]) bei entsprechender gerichtlicher Feststellung bzw. schriftlicher Anerkennung des Anspruchs gem. § 160 I, II HGB.

---

[308] Von der Zugehörigkeit des A zum Gesellschafterverband der OHG am 1.4.2011 muss deshalb gutachterlich ausgegangen werden, weil der Sachverhalt diesbezüglich nichts anderes schildert.

[309] Hinsichtlich der Notwendigkeit, dem Anspruch gegenüber dem ausgeschiedenen Gesellschafter auf gerichtlichem Wege Rechtskraft bzw. Vollstreckbarkeit zu verleihen vgl. Fn. 302. Bezüglich der Dispositivität des § 160 I HGB zu dieser Notwendigkeit der besonderen gerichtlichen Feststellung oder Vollstreckungshandlung vgl. Fn. 304.

[310] Hinsichtlich der Hemmung (Unterbrechung) des Fristablaufs vgl. Fn. 303.

[311] Diese Forderung auf monatliche Mietzahlung könnte G 2 gegenüber A auch für die nachfolgenden Monate bis zum Monat April 2021 (Ende der auf fünf Jahre begrenzten Nachhaftung) und bei einer entsprechenden Prolongationsabrede (vgl. Fn. 304) sogar darüber hinaus geltend machen.

[312] Hinsichtlich der Dispositivität des § 160 HGB betreffs der Notwendigkeit der besonderen gerichtlichen Feststellung oder Vollstreckungshandlung vgl. Fn. 304.

73

# Festigung des Wissens und Könnens im Multiple-Choice-Verfahren

Bei den nachfolgenden Aufgaben kreuzen Sie die jeweils eindeutig richtige(n) Antwort(en) an. Mitunter sind auch mehrere Antworten - jeweils für sich betrachtet - eindeutig richtig. Achten Sie sehr genau auf die Formulierung der Fragen und der dazu dargebotenen Antworten. Kreuzen Sie nicht wahllos irgendeine Antwort an, sondern arbeiten Sie mit den Gesetzen und leiten Sie daraus die richtigen Antworten ab.

## I. Das (kaufmännische) Unternehmen

1. Welche der nachfolgenden Aussagen ist zutreffend?
    a) Jeder Unternehmer betreibt ein Gewerbe.
    (b) Jeder Einzelkaufmann betreibt ein Gewerbe.
    c) Jeder Gewerbetreibende ist ein Kaufmann.
    d) Jeder Unternehmer ist ein Kaufmann.
    (e) Jeder Freiberufler ist ein Unternehmer.
    f) Jedes kaufmännische Unternehmen betreibt ein Gewerbe.
    (g) Jeder Handelsgewerbetreibende ist ein Kaufmann.

2. Unter einem „Unternehmen" versteht man zivilrechtlich
    a) nur gewerbetreibende Personenvereinigungen.
    (b) sowohl gewerbetreibende Personenvereinigungen als auch Einzelgewerbetreibende.
    c) nur gewerbetreibende Personenvereinigungen und Einzelgewerbetreibende, die Kaufmannseigenschaft besitzen.
    (d) sowohl gewerbetreibende als auch freiberuflich tätige Personen und Personenvereinigungen.

3. Ein selbständiger Handwerksmeister ist mit seinem kleinen „Einmannbetrieb"
    a) nie ...
    b) stets ...
    (c) mitunter ...
    ... Kaufmann im Sinne des HGB.

    § 2 HGB → KANNKAUFMANN
    → Kleingewerbe

4. A macht sich selbständig. Er betreibt einen Handel mit Büromaschinen. Wie klassifizieren Sie das Unternehmen des A auf der Grundlage dieser Angaben?
    (a) A ist Gewerbetreibender.
    (b) A ist Handelsgewerbetreibender.
    (c) A betreibt ein kaufmännisches Unternehmen.
    d) A kann erst durch Handelsregistereintragung seinem Unternehmen Kaufmannseigenschaft zuordnen.

5. Der Zusammenschluss mehrerer Steuerberater zu einem gemeinsamen Büro erfolgt
   a) nie ...
   b) stets ...
   (c) mitunter ...
   ... als kaufmännisches Unternehmen im Sinne des HGB.

## II. Das Handelsregister

6. Die Einsichtnahme in das Handelsregister ist
   (a) jedermann ...
   b) nur demjenigen, der ein besonderes rechtliches Interesse vorweisen kann ...
   c) nur kaufmännischen Unternehmern ...
   ... gestattet.

7. Die Eintragung eines Unternehmens in das Handelsregister hat hinsichtlich der Erlangung der Kaufmannseigenschaft
   a) nie ...
   b) stets ...
   (c) mitunter ...
   ... konstitutive Wirkung.

8. Die Eintragung eines handelsgewerblichen Unternehmens in das Handelsregister
   (a) ist zwingend.
   b) ist dispositiv.
   c) wirkt konstitutiv.
   (d) wirkt deklaratorisch.

9. Die rechtliche Regelung zur „negativen Publizität des Handelsregisters" schützt
   (a) nur den gutgläubigen (ahnungslosen) Dritten.
   b) nur den gutgläubigen Dritten, der auch Einblick in das Handelsregister genommen hat.
   c) auch den nicht gutgläubigen Dritten, der von dem Mangel der Eintragung weiß.

## III. Das Firmenrecht

10. Käthe Ring betreibt seit 20 Jahren einen gut laufenden Party-Service unter dem im Handelsregister eingetragenen Namen „ Käthe-Ring-Service e.Kfr.". Dieses kaufmännische Unternehmen will die Käthe ihrem Neffen Niels übertragen und sich aus dem Berufsleben verabschieden. Kann Niels das Unternehmen bei Beibehaltung der alten Firmenbezeichnung weiterführen?

a) Uneingeschränkt ja.
(b) Ja, aber nur, wenn die Käthe in die Fortführung der Firma ausdrücklich einwilligt.
c) Nein.

11. Bert Boxer betreibt seit 20 Jahren ein gut laufendes Sportgeschäft unter dem im Handelsregister eingetragenen Namen „Bert-Boxer-Sportwaren e.K.". In dieses kaufmännische Unternehmen tritt Berts Nichte Nicole als gleichberechtigte Mitunternehmerin ein. Kann das Sportgeschäft die Firmenbezeichnung beibehalten?
    a) Uneingeschränkt ja.
    b) Ja, aber nur, wenn der Bert in die Fortführung der Firma ausdrücklich einwilligt.
    (c) Nein.

12. Der Grundsatz der Firmenwahrheit besagt,
    a) dass in der Firma eines Einzelkaufmanns stets der Name des Inhabers erscheinen muss.
    b) dass derjenige, der ein einzelkaufmännisches Unternehmen mit Firma übernimmt, in jedem Fall einen das Nachfolgeverhältnis andeutenden Zusatz anfügen muss.
    (c) dass in der Firma in jedem Fall die Unternehmensform (Einzelkaufmann, Handelsgesellschaft, ...) wahrheitsgemäß präsentiert werden muss.

*Unternehmensform ändert sich zu OHG*

## IV. Haftung bei Inhaberwechsel

13. Veräußert ein Einzelkaufmann sein Handelsgeschäft mit Firma und führt der Erwerber die bisherige Firma fort, so haftet/haften für die bis dahin begründeten Geschäftsverbindlichkeiten (Altschulden) des Veräußerers grundsätzlich
    a) nur der Erwerber.
    b) nach wie vor nur der Veräußerer.
    (c) sowohl der Erwerber als auch 5 Jahre der Veräußerer.

14. Veräußert ein Einzelkaufmann sein Handelsgeschäft und führt der Erwerber die bisherige Firma <u>nicht</u> fort, so haftet/haften für die bis dahin begründeten Geschäftsverbindlichkeiten (Altschulden) des Veräußerers grundsätzlich
    a) nach wie vor nur der Veräußerer, aber nur 5 Jahre.
    (b) nach wie vor nur der Veräußerer.
    c) sowohl der Erwerber als auch 5 Jahre der Veräußerer.

15. Tritt jemand als persönlich haftender Gesellschafter in das Geschäft eines Einzelkaufmanns ein, so kann hinsichtlich der bis dahin im Betrieb des Geschäfts entstandenen Verbindlichkeiten (Altschulden) mit Drittwirkung

(a) niemals ein Haftungsausschluss erfolgen.
b) die neugebildete Gesellschaft als Ganze die Haftung ausschließen, aber nur, wenn sie die frühere Firma nicht fortführt.
c) die neugebildete Gesellschaft als Ganze die Haftung auch bei Firmenfortführung ausschließen.

16. Tritt jemand als persönlich haftender Gesellschafter in eine bereits bestehende und im Handelsregister eingetragene OHG ein, so kann hinsichtlich der bis dahin im Betrieb der OHG entstandenen Verbindlichkeiten (Altschulden) mit Drittwirkung
    a) niemals ein Haftungsausschluss zugunsten des neuen OHG-Gesellschafters erfolgen.
    b) nur dann ein Haftungsausschluss zugunsten des neuen OHG-Gesellschafters erfolgen, wenn das im Handelsregister so eingetragen wird.
    c) nur dann ein Haftungsausschluss zugunsten des neuen OHG-Gesellschafters erfolgen, wenn eine Neufirmierung der OHG stattfindet.

**V. Prokura und Handlungsvollmacht**

17. Prokura und Handlungsvollmacht unterscheiden sich dadurch, dass
    (a) die Prokura umfassender ist als die Handlungsvollmacht.
    b) die Prokura erst mit Eintragung in das Handelsregister nach außen wirksam wird.
    c) die Eintragung der Handlungsvollmacht in das Handelsregister nur deklaratorische Wirkung hat.
    d) die Prokura im Gegensatz zur Handlungsvollmacht mit einem gesetzlich fixierten Inhalt ausgestattet ist.
    (e) die Prokura im Gegensatz zur Handlungsvollmacht mit einem gesetzlich fixierten Inhalt ausgestattet ist, der grundsätzlich nicht mit Außenwirkung wirksam eingeschränkt werden kann.

18. Ein Prokurist ist ohne besondere Ermächtigung nicht befugt,
    a) Kredite zu vergeben.
    b) Grundstücke zu kaufen.
    (c) Grundstücke zu belasten.
    d) branchenfremde Geschäfte vorzunehmen.

19. Die Vertretungsmacht eines Prokuristen kann durch entsprechende Weisung des Inhabers des kaufmännischen Unternehmens
    a) niemals eingeschränkt werden.
    b) beliebig eingeschränkt werden mit voller Wirkung gegenüber außenstehenden Dritten.
    c) zwar beliebig eingeschränkt werden, aber nur mit voller Wirkung gegenüber außenstehenden Dritten, die von der Einschränkung wissen (z.B. durch „Rundschreiben").

d) zwar beliebig eingeschränkt werden, aber nur mit voller Wirkung gegenüber außenstehenden Dritten, die von der Einschränkung durch entsprechende Eintragung im Handelsregister erfahren.

(e) zwar beliebig eingeschränkt werden, aber grundsätzlich nicht mit entsprechender Wirkung gegenüber außenstehenden Dritten.

20. Der mit Generalvollmacht ausgestattete kaufmännische Angestellte A im Unternehmen U erteilt dem in der Einkaufsabteilung des U beschäftigten Kollegen Patrick Prokura. Auf dieser Grundlage nimmt der Patrick nunmehr namens des U zwecks Einkaufs von Rohmaterialien ein Darlehen auf. Hinsichtlich des Abschlusses dieses Darlehensvertrages hatte Patrick i.S.d. § 164 I BGB
    a) in jedem Fall Vertretungsmacht.
    b) nur dann Vertretungsmacht, wenn ihm diesbezüglich Sondervollmacht von A erteilt wurde.
    c) nur dann Vertretungsmacht, wenn beim Handelsregister bereits die Eintragung der Prokura des Patrick seitens des A angemeldet wurde.
    (d) in jedem Fall keine Vertretungsmacht.

21. Der Inhaber eines kaufmännischen Unternehmens erteilt dem Angestellten A Prokura, mit der Einschränkung, dass A nur Verträge bis zu einer Wertgröße von 10.000 € wirksam für das Unternehmen abschließen darf.
    Diese Beschränkung des Umfangs der Prokura ist
    a) aus arbeitsrechtlicher Sicht unzulässig.
    (b) aus arbeitsrechtlicher Sicht in jedem Fall zulässig und bindend.
    c) gegenüber außenstehenden Dritten nur wirksam, wenn sie von der Beschränkung wissen.
    (d) gegenüber allen (wissenden und ahnungslosen) außenstehenden Dritten grundsätzlich unwirksam.

22. Der Inhaber eines kaufmännischen Unternehmens widerruft eine schriftlich erteilte, aber noch nicht in das Handelsregister eingetragene Prokura durch schriftliche Erklärung.
    Dieser interne Widerruf ist
    a) gegenüber jedermann in vollem Umfang wirksam, da dessen Eintragung in das Handelsregister gem. § 53 II HGB nur deklaratorischen Charakter besitzt.
    (b) generell unwirksam, da seine Eintragung in das Handelsregister gem. § 53 II HGB noch aussteht.
    c) irrelevant, da die Prokura mangels Eintragung ihrer Erteilung in das Handelsregister gem. § 53 I HGB ohnehin unwirksam war.
    (d) nur gegenüber solchen Geschäftspartnern wirksam, die von dem Widerruf wussten.

23. § 50 I HGB greift nicht
    a) gegenüber dem außenstehenden Dritten, der von der Prokura-Beschränkung weiß.
    (b) bei Vorliegen von „Evidenz".
    (c) bei Vorliegen von „Kollusion".

24. Der im Handelsregister eingetragene Unternehmer Ulrich (U) spricht mit seinem Angestellten (A) über dessen weitere berufliche Perspektive im Unternehmen und sagt schließlich zu ihm: „Lieber A, hiermit erteile ich dir umfassende Vollmacht zur Vertretung meines Unternehmens". Hierdurch wird A grundsätzlich ermächtigt,
    a) U bei allen Geschäftsabschlüssen - mit Ausnahme solcher, die die Veräußerung oder Belastung der Betriebsgrundstücke zum Gegenstand haben - wirksam zu vertreten.
    (b) U nur dann bei Geschäftsabschlüssen - mit Ausnahme solcher, für die er per Gesetz einer besonderen Bevollmächtigung bedarf - wirksam zu vertreten, wenn es sich dabei um ein für U branchentypisches Geschäft handelt.
    c) U auch gerichtlich zu vertreten.
    d) im Namen des U wirksame Darlehensverträge abzuschließen.

    § 54 HGB

25. Der Inhaber des kaufmännischen Unternehmens U erteilt dem Angestellten A Generalvollmacht, mit der Einschränkung, dass A nur Verträge bis zu einer Wertgröße von 10.000 Euro wirksam für das Unternehmen abschließen darf.
    Diese Beschränkung des Umfangs der Generalvollmacht
    a) muss ein Geschäftspartner des U im Zusammenhang mit der Wirksamkeit eines mittels des A zustande gekommenen Vertragsschlusses mit U aus der Sicht des § 164 I BGB in jedem Fall gegen sich gelten lassen.
    (b) muss ein Geschäftspartner des U im Zusammenhang mit der Wirksamkeit eines mittels des A zustande gekommenen Vertragsschlusses mit U aus der Sicht des § 164 I BGB in jedem Fall gegen sich gelten lassen, wenn er von dieser Beschränkung der Vertretungsmacht des A wusste.
    (c) muss ein Geschäftspartner des U im Zusammenhang mit der Wirksamkeit eines mittels des A zustande gekommenen Vertragsschlusses mit U aus der Sicht des § 164 I BGB auch dann gegen sich gelten lassen, wenn er von dieser Beschränkung der Vertretungsmacht des A zwar nichts wusste, aber davon Kenntnis hätte haben müssen.

26. Die sogenannte „Ladenvollmacht" begründet im Interesse des Verkehrsschutzes eine Vermutung hinsichtlich der Erteilung einer Vollmacht des Ladenangestellten. Dabei muss es sich in jedem Fall um eine Person handeln,
    a) die im Ladengeschäft Verkaufstätigkeit vollzieht, unabhängig davon, ob der Ladeninhaber von der Person und deren Tätigkeit im Geschäft Kenntnis hat oder nicht.
    (b) die auf der Grundlage eines Arbeitsvertrages mit dem Ladeninhaber im Ladengeschäft angestellt ist.
    (c) die mit Wissen und Willen des Ladeninhabers an der Verkaufstätigkeit mitwirkt (auch ohne arbeitsvertragliche Bindung mit dem Ladeninhaber).

## VI. Das Handelsgeschäft

27. Das 4. Buch des HGB über Handelsgeschäfte findet Anwendung
    a) immer dann, wenn mindestens einer der Geschäftsbeteiligten Kaufmann ist und das Geschäft zum Betrieb seines Handelsgewerbes gehört.
    b) grundsätzlich immer dann, wenn mindestens einer der Geschäftsbeteiligten Kaufmann ist und das Geschäft zum Betrieb seines Handelsgewerbes gehört.
    c) nur dann, wenn alle Geschäftsbeteiligten Kaufmannseigenschaft besitzen und das Geschäft zum Betrieb ihres Handelsgewerbes gehört.
    d) auf alle auch kleingewerblichen, nicht kaufmännischen Kommissionäre, Frachtführer, Spediteure und Lagerhalter.

28. Der § 373 HGB findet nur Anwendung,
    a) wenn der Käufer Kaufmannseigenschaft besitzt.
    b) wenn der Verkäufer Kaufmannseigenschaft besitzt.
    c) wenn entweder der Käufer oder der Verkäufer Kaufmannseigenschaft besitzt.
    d) nur wenn sowohl der Käufer als auch der Verkäufer Kaufmannseigenschaft besitzen.

29. Die Eventagentur „Meier & Müller KG" bestellt bei der „Fußball-Fan-Artikel OHG" 500 Auto-Fanflaggen zum Preis von 500 Euro. Von den auf der Grundlage des abgeschlossenen Kaufvertrages bei der „Meier & Müller KG" eingetroffenen 500 Auto-Fanflaggen waren jedoch 100 kaputt.
Ohne dies der „Fußball-Fan-Artikel OHG" sofort anzuzeigen, erfolgt die Begleichung deren Rechnung über 500 Euro 14 Tage nach der Lieferung seitens der Eventagentur „Meier & Müller KG" mit dem Vermerk „100 Auto-Fanflaggen mangelhaft; erbitten Nachlieferung von 100 Auto-Fanflaggen!".
Aufgrund dieser Tatsachen stellt sich die Rechtslage wir folgt dar:
    a) Die „Fußball-Fan-Artikel OHG" ist verpflichtet, 100 Auto-Fanflaggen nachzuliefern.
    b) Die „Fußball-Fan-Artikel OHG" ist nicht zur Nachlieferung verpflichtet.
    c) Die Eventagentur „Meier & Müller KG" kann von der „Fußball-Fan-Artikel OHG" Rückzahlung des geleisteten Kaufpreises in Höhe von 100 Euro verlangen.
    d) Die Eventagentur „Meier & Müller KG" kann von der „Fußball-Fan-Artikel OHG" Rückzahlung des geleisteten Kaufpreises in Höhe von 100 Euro nicht verlangen.

30. Die beiden kleingewerbetreibenden Unternehmer A und B schließen sich zur Ausübung ihrer kleingewerblichen Tätigkeit zur „A & B GbR" zusammen. Ihre unternehmerische Tätigkeit ist darauf gerichtet, anderen kaufmännischen Unternehmen selbst hergestellte Waren zu liefern. Ihren kaufmännischen Geschäftspartnern wollen sie die kaufmännische Untersuchungs- und Rügeobliegenheit gem. § 377 HGB auferlegen.
Geht das so ohne weiteres?
    a) Ja, weil sie bereits ein kaufmännisches Unternehmen („GbR") gegründet haben.
    b) Nein, weil sie ein nichtkaufmännisches Unternehmen sind und bleiben.
    c) Nur, wenn sie sich in das Handelsregister eintragen lassen.

31. Der nicht im Handelsregister eingetragene kleingewerbliche Trödelhändler H verkauft im eigenen Namen für Rechnung des D ein von D in Verkaufskommission gegebenes Fahrrad dem Käufer K, der von H auf die Tatsache hingewiesen wird, dass es sich bei dem Fahrrad um das Eigentum des D handelt. In Wirklichkeit hat D aber das Fahrrad dem Eigentümer E gestohlen, was weder H noch K wussten und auch nicht wissen konnten. Auf der Grundlage dieser Tatsachen stellt sich die Rechtslage wir folgt dar:
   a) K ist auf Grund seines guten Glaubens gem. §§ 929 S. 1, 932 BGB Eigentümer des Fahrrads geworden.
   b) K ist auf Grund seines guten Glaubens gem. § 366 I HGB Eigentümer des Fahrrads geworden.
   c) K ist nicht Eigentümer des Fahrrads geworden.
   d) E kann von K das Fahrrad gem. §§ 985, 986 BGB nicht herausverlangen.
   e) E kann von K das Fahrrad gem. §§ 985, 986 BGB herausverlangen.

## VII. (kaufmännische) Personenvereinigungen

32. Eine GbR kann als Gesellschaftsform genutzt werden
    (a) in jedem Fall zur Ausübung freiberuflicher Tätigkeit.
    (b) mitunter zur Ausübung gewerblicher Tätigkeit.
    (c) auch für nichtunternehmerische Zwecke.

33. Eine OHG kann nach den Regelungen im HGB
    a) nur auf der Basis der Ausübung eines Handelsgewerbes ...
    (b) auch auf der Basis der Ausübung kleingewerblicher Tätigkeit ...
    c) grundsätzlich auch auf der Basis der Ausübung nicht gewerblicher Tätigkeit ...
    ... gegründet werden.

34. Eine OHG entsteht nach außen
    a) immer erst mit Anmeldung beim Handelsregister.
    (b) grundsätzlich erst mit Eintragung in das Handelsregister.
    c) immer bereits durch die Aufnahme gewerblicher Tätigkeit.
    d) immer erst durch die Aufnahme handelsgewerblicher Tätigkeit.

35. Gem. § 170 HGB hat ein Kommanditist einer KG
    a) weder gesetzliche noch rechtsgeschäftliche Vertretungsmacht gem. § 164 I BGB.
    (b) generell niemals gesetzliche Vertretungsmacht gem. § 164 I BGB.
    c) generell niemals rechtsgeschäftliche Vertretungsmacht gem. § 164 I BGB.

36. K ist zusammen mit A, B und C Komplementär der „KA & BC Kommanditgesellschaft". K hat in dieser Gesellschaft
   a) niemals allein, sondern immer nur zusammen mit A, B und C Vertretungsmacht.
   b) grundsätzlich Einzelvertretungsbefugnis.
   c) mitunter nur zusammen mit A, B und C Vertretungsmacht.

37. Mit Zustimmung aller Gesellschafter beginnt die ABC-KG ihre Geschäfte bereits vor Eintragung in das Handelsregister. Kommanditist K, der seine Einlage sofort voll geleistet hat, haftet für die bis zur Eintragung der KG in das Handelsregister begründeten Verbindlichkeiten gegenüber den Gläubigern
   a) überhaupt nicht, da er seine Einlage bereits voll erbracht hat.
   b) nur bis zur Höhe seiner Einlage.
   c) grundsätzlich in vollem Umfang mit seinem gesamten Vermögen.

38. Der nicht im Handelsregister eingetragene Fleischermeister Florian ist Inhaber eines großen „Imbissimperiums" mit 15 außerordentlich umsatzstarken Imbissständen in Potsdam.
   Er nimmt seine Tochter als Geschäftspartnerin auf und betreibt nunmehr sein Unternehmen - was auch nach außen hin sichtbar wird - gemeinsam mit ihr und den 30 Angestellten weiterhin ohne Handelsregistereintragung.
   Dieser Personenzusammenschluss stellt sich demnach dar
   a) in Form eines Handelsgewerbes.
   b) nicht in Form eines Handelsgewerbes.
   c) als GbR.
   d) als OHG.

39. Der soeben unter Frage 38 geschilderte Geschäftsbeitritt hat zur Folge, dass
   a) die Tochter in jedem Fall erst mit ihrem Eintritt in das Unternehmen ihre persönliche Haftung bezüglich der ab diesem Zeitpunkt begründeten Verbindlichkeiten begründet.
   b) die Tochter in jedem Fall so haftet, wie es im Vertrag mit ihrem Vater vereinbart ist.
   c) die Tochter grundsätzlich auch für die Unternehmens-Altschulden ihres Vaters mit haftet.

40. In das oben unter Frage 38 dargestellte Unternehmen von Fleischermeister Florian und seiner Tochter will Florians Sohn Sebastian (S) als gleichberechtigter Teilhaber mit einsteigen. Er möchte aber auf keinen Fall für die bis zu seinem Eintritt entstandenen Verbindlichkeiten von Vater und Tochter gegenüber Dritten haftungsrechtlich einstehen.
   Kann diese Eintrittsbedingung des S betreffs dessen Haftung tatsächlich erfüllt werden?
   a) Ja, in jedem Fall.
   b) Grundsätzlich nein.
   c) Nein, auf keinen Fall.

41. Nachdem nun in das unter Frage 38 dargestellte Unternehmen von Fleischermeister Florian und seiner Tochter auch der Sohn als gleichberechtigter Partner in das Geschäft tatsächlich mit eingestiegen ist, hält es der Vater für Zeit, sich aus dem Geschäftsleben zu verabschieden.
Er scheidet aus dem Unternehmen aus. Damit gestaltet sich seine Haftung betreffs des verbleibenden Unternehmens von Tochter und Sohn wie folgt:
   a) Der Vater haftet nach seinem im Handelsregister eingetragenen Ausscheiden für alle Verbindlichkeiten des Unternehmens unbegrenzt weiter.
   b) Der Vater haftet nach seinem im Handelsregister eingetragenen Ausscheiden für alle bereits begründeten Verbindlichkeiten des Unternehmens zeitlich begrenzt weiter.
   c) Der Vater haftet nach seinem im Handelsregister eingetragenen Ausscheiden für alle nach seinem Ausscheiden neu begründeten Verbindlichkeiten des Unternehmens gar nicht mehr.

42. Aus der ABC-OHG scheidet der Gesellschafter A mit Wirkung vom 01.01.2016 aus. Das Ausscheiden des A wird am 30.01.2016 im Handelsregister eingetragen und bekannt gemacht. Am 10.01.2016 wird der Lieferant L Gläubiger einer Kaufpreiszahlungsforderung gegenüber der OHG.
Da die Gesellschafterkasse der OHG leer ist, möchte L den A auf Zahlung des Kaufpreises in Anspruch nehmen.
Muss A den Kaufpreis auf der Grundlage des § 433 II BGB zahlen?
   a) Nur, wenn die Forderung bis zum 30.01.2016 gerichtlich geltend gemacht wurde.
   b) Ja, aber nur wenn die Forderung bis zum 30.01.2016 gerichtlich geltend gemacht wurde und L am 10.01.2016 vom Ausscheiden des A zum 01.01.2016 nichts wusste.
   c) Ja, in jedem Fall, auch wenn die Forderung erst nach dem 30.01.2016 seitens des L geltend gemacht wird.
   d) Ja, auch wenn die Forderung erst nach dem 30.01.2016 seitens des L geltend gemacht wird, aber nur, wenn L am 10.01.2016 vom Ausscheiden des A zum 01.01.2016 gar nichts wusste.
   e) Nein.

43. Eine GmbH kann nach den Regelungen im GmbHG
   a) nur auf der Basis der Ausübung eines Handelsgewerbes ...
   b) auch auf der Basis der Ausübung kleingewerblicher Tätigkeit ...
   c) auch auf der Basis der Ausübung nicht gewerblicher Tätigkeit ...
   d) nur auf der Grundlage eines Mindeststammkapitals in Höhe von 25.000 Euro …...
   … gegründet werden.

44. Eine GmbH ist
   a) nie ...
   b) stets ...
   c) mitunter ...
   ... kaufmännisches Unternehmen.

45. Eine GmbH haftet nach außen ihren Gläubigern gegenüber
    a) nur beschränkt in Höhe des gezeichneten Stammkapitals.
    b) nur mit dem gezeichneten Stammkapital und den Gewinnrücklagen.
    c) unbeschränkt mit ihrem Gesellschaftsvermögen.

46. In Reaktion auf die englische „Limited" hat der Gesetzgeber das GmbH-Recht im Jahr 2008 reformiert. Danach gelten folgende grundlegende Änderungen:
    a) Es wird generell für die GmbH kein Mindeststammkapital mehr vorgeschrieben.
    b) Es wird generell für die GmbH nur noch ein Mindeststammkapital in Höhe von 10.000 Euro vorgeschrieben.
    c) Es wird als Einstiegsvariante der GmbH eine haftungsbeschränkte Unternehmergesellschaft angeboten, die mit einem vom Gesetzgeber bestimmten Mindeststammkapital in Höhe von 10.000 Euro gegründet werden kann.
    d) Es wird als Einstiegsvariante der GmbH eine haftungsbeschränkte Unternehmergesellschaft angeboten, die ohne ein vom Gesetzgeber bestimmtes Mindeststammkapital gegründet werden kann.

47. Die Heilmasseurin Helga und der Heilpraktiker Heinz wollen ihre berufliche Tätigkeit künftig gemeinsam vollziehen, indem sie sich zu einer gemeinsamen Praxis zusammenschließen. Für diesen Zusammenschluss kommen infrage
    a) der Zusammenschluss in der Rechtsform einer GbR.
    b) der Zusammenschluss in der Rechtsform einer OHG.
    c) der Zusammenschluss in der Rechtsform einer Partnerschaft.
    d) der Zusammenschluss in der Rechtsform einer GmbH.

**Lösungen:**

**1.** Lösung: b, e, g

Unternehmer i.S.d. § 14 BGB ist jede natürliche oder juristische Person, die am Markt planmäßig und dauerhaft Leistungen gegen ein Entgelt anbietet (BGH NJW 06, 2250). Dazu zählen insbesondere Gewerbetreibende[313], aber auch Freiberufler[314] als nichtgewerbliche Unternehmer. Alle Unternehmen, die sich handelsgewerblich betätigen, haben gem. § 1 I HGB (per Gesetz) Kaufmannseigenschaft; Kleingewerbetreibende sowie land- und forstwirtschaftliche Betriebe hingegen fungieren, solange sie sich nicht gem. § 2 HGB bzw. § 3 HGB in das Handelsregister (freiwillig) haben eintragen lassen, nicht als kaufmännische Unternehmen. Hingegen betreibt jeder Einzelkaufmann ausnahmslos ein Gewerbe [entweder Handelsgewerbe – Kaufmannseigenschaft kraft Gesetzes gem. § 1 HGB („Ist-Kaufmann") – oder Kleingewerbe – Kaufmannseigenschaft kraft freiwilliger Handelsregistereintragung gem. § 2 HGB („Kann-Kaufmann") –]. Andererseits gibt es auch kaufmännische Unternehmen, die ihre Kaufmannseigenschaft nicht von einer gewerblichen Tätigkeit, sondern von ihrer Rechtsform ableiten [Kaufmannseigenschaft kraft Rechtsform gem. § 6 HGB: • gem. § 6 I HGB: alle Handelsgesellschaften (jede GmbH gem. §§ 1, 13 III GmbHG sowie jede AG gem. § 3 I AktG); • gem. § 6 II HGB: alle „Vereine", denen das Gesetz die Kaufmannseigenschaft beilegt (jede eG gem. § 17 II GenG)].

**2.** Lösung: b, d

Der Unternehmensbegriff (vgl. Lösung zu 1.) erfasst mehrere Rechtsformen. Sowohl gewerbetreibende Personenvereinigungen als auch Einzelgewerbetreibende fallen darunter. Auch freiberuflich tätige Personen und Personenvereinigungen (vgl. Fn. 314) fallen unter den Unternehmensbegriff, da diese Begrifflichkeit keine gewerbliche Tätigkeit voraussetzt.

**3.** Lösung: c

Im HGB wird zwischen dem „Ist-Kaufmann" und dem „Kann-Kaufmann" unterschieden. Kaufmann ist (per Gesetz und nicht erst mit Handelsregistereintragung) gem. § 1 HGB jeder, der ein Handelsgewerbe betreibt (Handelsgewerbebetreibender). Ein Handelsgewerbe ist gem. § 1 II HGB jedes Gewerbe, es sei denn, es erfordert nach Art oder Umfang keinen in kaufmännischer Weise eingerichteten Geschäftsbetrieb. Ob ein Unternehmen als kaufmännischer Betrieb geführt werden muss, hängt von der Komplexität und Größe des Unternehmens ab, wobei das Gesamtbild des organisatorisch-rechtlichen Gebildes (nicht einzelne wirtschaftliche Parameter) entscheidend ist.

---

[313] Ein Gewerbe ist jede nach außen gerichtete, entgeltliche (grundsätzlich mit der Absicht einer Gewinnerzielung verbundene) Tätigkeit an einem Markt, die, unter Ausschluss freiberuflicher Leistungserbringung (vgl. Fn. 314), planmäßig und selbstständig betrieben wird.

[314] § 1 II PartGG definiert Freiberuflichkeit im allgemeinen als selbständig ausgeübte Berufstätigkeit auf der Grundlage besonderer beruflicher Qualifikation (z.B. als Rechtsanwalt oder Steuerberater) oder schöpferischer Begabung (z.B. als Künstler oder Schriftsteller) zur fachlich unabhängigen Erbringung von Dienstleistungen höherer Art (z.B. Anfertigen einer Klageschrift oder einer Steuererklärung).

Ein selbständiger Handwerksmeister mit einem kleinen Betrieb (Kleingewerbetreibender) kann sich unabhängig davon, dass sein Geschäftsbetrieb nach Art oder Umfang einen in kaufmännischer Weise eingerichteten Geschäftsbetrieb nicht erfordert, für eine Eintragung ins Handelsregister und damit für die Kaufmannseigenschaft gem. § 2 HGB entscheiden.

**4.  Lösung: a, b, c**

Der Handel mit Büromaschinen stellt keine freiberufliche Tätigkeit dar und fällt somit unter den Gewerbebegriff. § 1 II HGB stellt die widerlegbare Vermutung auf, dass jeder Gewerbebetrieb zunächst einmal grundsätzlich als Handelsgewerbe und demzufolge per Gesetz (und nicht erst mit der gem. § 29 HGB zwingend vorgeschriebenen Handelsregistereintragung) als kaufmännisches Unternehmen gem. § 1 I HGB („Ist-Kaufmann") gewertet wird. Nur wenn der Sachverhalt klar und eindeutig lediglich kleingewerbliche Tätigkeit schildert, darf von einem „Kann-Kaufmann" gem. § 2 HGB ausgegangen werden, bei dem die Kaufmannseigenschaft erst durch (freiwillige) Eintragung ins Handelsregister begründet wird.

**5.  Lösung: c**

Die Tätigkeit als Steuerberater wird nach § 1 II S. 2 PartGG als freiberufliche Tätigkeit eingeordnet. Die Steuerberater führen somit keinen Gewerbebetrieb. Kaufmännische Unternehmen können ihre Kaufmannseigenschaft aber nicht bloß durch gewerbliche Tätigkeit, sondern auch kraft ihrer Rechtsform gem. § 6 HGB (vgl. Lösung zu 1.) ableiten (beispielsweise in Form des Zusammenschlusses von Steuerberatern zu einer GmbH, wodurch diese ihre nach wie vor freiberufliche Tätigkeit vor dem „Mantel" einer Handelsgesellschaft - vgl. §§ 1, 13 III GmbHG - betreiben, die gem. § 6 I HGB stets als kaufmännisches Unternehmen rechtlich zu werten ist).

**6.  Lösung: a**

Nach § 9 I S. 1 HGB ist die Einsichtnahme in das Handelsregister sowie in die zum Handelsregister eingereichten Dokumente jedem zu Informationszwecken gestattet.

**7.  Lösung: c**

Bei konstitutiv (rechtsbegründend) wirkenden Eintragungen bestimmt das Gesetz, dass erst die Eintragung im Handelsregister die mit dem Eintragungsantrag vorgesehene Rechtswirkung entfaltet, d.h., dass erst die Eintragung in das Handelsregister zur Änderung der Rechtslage führt. Konstitutiv im Hinblick auf die Erlangung der Kaufmannseigenschaft wirken die Eintragungen gem. § 2 HGB (Kleingewerbetreibende) und § 3 II HGB (Betriebe der Land- und Forstwirtschaft).

**8.  Lösung: a, d**

Die Eintragung eines handelsgewerblichen Unternehmens in das Handelsregister ist zwingend, weil es sich per Gesetz gem. § 1 I HGB (bereits) um einen (Ist-) Kaufmann handelt, der gem. § 29 HGB verpflichtet ist, sich in das Handelsregister eintragen zu lassen. Die Eintragung wirkt jedoch lediglich deklaratorisch (rechtsdarstellend), d.h., die bereits bestehende Rechtslage (Kaufmannseigenschaft per Gesetz) wird nur noch einmal nach außen kundgetan.

**9.** Lösung: a

Die negative Publizität des Handelsregisters ist in § 15 I HGB normiert. Danach gilt, dass „dem Schweigen des Handelsregisters zu trauen ist". Das bedeutet, dass eintragungspflichtige Tatsachen, die im Handelsregister nicht eingetragen und bekannt gemacht sind, dem redlichen Dritten gegenüber nicht geltend gemacht werden können. Da hier das Vertrauen des Dritten geschützt wird, muss dieser gutgläubig sein. Aufgrund des Schutzes des abstrakten Vertrauens ist es dabei nicht erheblich, ob er tatsächlich Einsicht in das Handelsregister genommen hat.

**10.** Lösung: b

Niels kann das Unternehmen bei Beibehaltung der alten Firmenbezeichnung nur fortführen, wenn Käthe in die Fortführung der Firma gem. § 22 I HGB ausdrücklich[315] einwilligt.

**11.** Lösung: c

Wenn eine gleichberechtigte Unternehmerin in das Unternehmen eintritt, handelt es sich nicht mehr um ein Einzelunternehmen, sondern, da keine Angaben zu einer anderen speziellen Gesellschaftsform vorliegen, um eine OHG. Das heißt, die Unternehmensform ändert sich. Die Bezeichnung „e.Kfm." wäre somit nicht mehr zutreffend, weil sie das Gesellschaftsverhältnis nicht kenntlich macht. Es müsste demnach gem. § 19 I Nr. 2 HGB eine Umfirmierung, z.B. in „Bert-Boxer-Sportwaren OHG", stattfinden.

**12.** Lösung: c

Der Grundsatz der Firmenwahrheit gem. § 18 II HGB besagt Folgendes: Ein Firmenname darf keine Angaben enthalten, die für Dritte wesentlich und geeignet sind, über die geschäftlichen Verhältnisse in die Irre zu führen. Die Firmenwahrheit bezieht sich demnach insbesondere auf den Zusatz, der das Gesellschaftsverhältnis kenntlich macht (vgl. § 19 I HGB). Ein das Nachfolgeverhältnis andeutender Zusatz ist nicht (zwingend) erforderlich, solange sich die Unternehmensform nicht verändert.

**13.** Lösung: c

Die grundsätzliche Haftung des Veräußerers und des Erwerbers bei Fortführung der bisherigen Firmenbezeichnung ergibt sich aus §§ 25 I, 26 I HGB. Danach haften sie grundsätzlich (vgl. aber § 25 II HGB) gemeinsam i.S.d. § 421 BGB (gesamtschuldnerische Erwerberhaftung). Die Altinhaber(weiter)haftung ist nur aufgrund einer entsprechenden Vereinbarung zwischen ihm und seinen Gläubigern i.S.d. §§ 414 ff. BGB (Schuldnerwechsel) abdingbar.

---

[315] In der Rechtspraxis ist diese Regelung „ausdrücklicher" Einwilligung vor allem dahingehend bedeutsam, dass damit klargestellt wird, dass eine Firmenweiterführung in jedem Fall zweifelsfrei (auch stillschweigend) mit dem Willen des ursprünglichen Geschäftsinhabers einhergehen muss. Das bedeutet aber eben auch, dass eine derartige Einwilligung ohne ausdrückliche vertragliche Übereinkunft (grundsätzlich verbunden mit einer angemessenen Entgelt-Vereinbarung) aus dem Vertragswerk über den Verkauf eines kaufmännischen Unternehmens im Zweifel nicht einfach „abstrakt" hergeleitet werden kann.

**14.** Lösung: b

Die grundsätzliche alleinige (Weiter-)Haftung des Veräußerers (ohne zeitliche Privilegierung gem. § 26 HGB) bei Nichtfortführung der bisherigen Firmenbezeichnung ergibt sich aus dem Umkehrschluss des § 25 I HGB. Der Erwerber haftet gem. § 25 III HGB für die früheren Geschäftsverbindlichkeiten nur dann gemeinsam mit dem Veräußerer (gesamtschuldnerische Erwerberhaftung), wenn ein besonderer Verpflichtungsgrund vorliegt, insbesondere wenn die Übernahme der Verbindlichkeiten in handelsüblicher Weise von dem Erwerber bekanntgemacht worden ist. In diesem Fall ist die Altinhaber(weiter)haftung dann wieder auf den Zeitraum von fünf Jahren gem. § 26 I HGB begrenzt.

**15.** Lösung: c

Nach § 28 I HGB gelten die bereits entstandenen Verbindlichkeiten (Schulden) des Einzelkaufmanns den Gläubigern gegenüber (grundsätzlich) als auf die Gesellschaft übergegangen. Allerdings kann gem. § 28 II HGB eine abweichende Vereinbarung gegenüber einem Dritten wirksam gemacht werden, wenn sie in das Handelsregister eingetragen und bekanntgemacht oder von einem Gesellschafter dem Dritten mitgeteilt worden ist.

**16.** Lösung: a

Gem. § 128 S. 1 HGB haften die Gesellschafter einer OHG für die Verbindlichkeiten der Gesellschaft als Gesamtschuldner persönlich. Jeder haftet unmittelbar, unbeschränkt, gesamtschuldnerisch, rück- und abgangsbezogen. Ein eintretender Gesellschafter haftet demnach gem. § 130 HGB in jedem Fall (vgl. § 130 II HGB) auch für die Verbindlichkeiten, die bei seinem Eintritt bereits bestehen.

**17.** Lösung: a, e

Nach § 49 I HGB ermächtigt die Prokura zu allen Arten von gerichtlichen und außergerichtlichen Geschäften und Rechtshandlungen, die der Betrieb eines Handelsgewerbes mit sich bringt. Durch die Formulierung „eines Handelsgewerbes" wird deutlich gemacht, dass der Prokurist auch branchenübergreifende Geschäfte abschließen darf. Gerade dies ist dem Handlungsbevollmächtigten verwehrt, weil die entsprechende Bestimmung in § 54 I HGB die bestimmtere Formulierung „eines *derartigen* Handelsgewerbes" verwendet und damit sein Geschäftsfeld auf das Handelsgewerbe beschränkt, in dem er tätig ist. Die Art des Handelsgewerbes ergibt sich aus dem Geschäftsgegenstand eines Unternehmens, wie er im Handelsregister eingetragen ist. Weitere Einschränkungen der Handlungsvollmacht ergeben sich aus der Aufzählung der erst mit besonderer Erlaubnis delegierbaren Geschäfte gem. § 54 II HGB. Die Handlungsvollmacht lässt sich insgesamt als eine Vollmacht bezeichnen, deren Umfang vom Kaufmann/Prokuristen bestimmt werden kann und nur beim Fehlen einer derartigen Bestimmung durch das Gesetz festgelegt wird. Die Vorschrift des § 49 I HGB legt den Umfang der Prokura zwingend fest, sodass der Prokurist in diesem Rahmen rechtsgeschäftlich im Namen und für Rechnung des Kaufmanns handeln darf und die so abgeschlossenen Geschäfte den Kaufmann verpflichten/berechtigen. Selbst wenn die Prokura im Innenverhältnis zwischen Kaufmann und Prokuristen enger ausgestaltet wird als es der gesetzliche Rahmen vorsieht, darf der Prokurist im Außenverhältnis den Umfang seiner handelsrechtlichen Prokura voll ausschöpfen, denn § 50 HGB erklärt (grundsätzlich) alle Beschränkungen der Prokura nach außen für unwirksam. Die Prokura ist vom Inhaber des Handelsgewerbes nach § 53 I HGB im Handelsregister einzutragen. Diese Eintragung hat lediglich deklaratorische Wirkung, da bereits die förmliche Ernennung zum Prokuristen eine handelsrechtliche Prokura begründet. Die Handlungsvollmacht wird nicht im Handelsregister eingetragen, sodass ihr Umfang für Geschäftspartner nicht bekannt ist (Vorlage einer konkreten Vollmacht erforderlich).

**18.** Lösung: c

Einer besonderen Ermächtigung bedürfen Prokuristen gem. § 49 II HGB lediglich betreffs der Veräußerung oder Belastung von Grundstücken. Der Kauf von Grundstücken bedarf hingegen keiner besonderen (ausdrücklichen) Ermächtigung[316].

**19.** Lösung: e

Die Prokura kann im Innenverhältnis zwischen Kaufmann und Prokuristen enger ausgestaltet werden als es der gesetzliche Rahmen (vgl. § 49 HGB) vorsieht. Der Prokurist darf aber im Außenverhältnis den gesetzlich fixierten Umfang seiner handelsrechtlichen Vollmacht grundsätzlich voll ausschöpfen, denn § 50 HGB erklärt alle darauf bezogenen (internen) Beschränkungen gegenüber jedermann (egal ob von der Beschränkung wissend oder ahnungslos) grundsätzlich (vgl. aber Lösung zu 23.) für unwirksam.

**20.** Lösung: d

Gem. § 48 I HGB kann die Prokura nur von dem Inhaber des Handelsgeschäfts oder seinem gesetzlichen Vertreter (hier: Generalvertreter = kein gesetzlicher, sondern rechtsgeschäftlicher Vertreter) und nur mittels ausdrücklicher Erklärung erteilt werden. Demzufolge wurde dem Patrick keine handelsrechtliche Vollmacht in Form einer Prokura wirksam erteilt. Auch bei einer (wohlwollenden) „Umdeutung" der nicht wirksam erteilten Prokura in eine (möglicherweise) wirksam erteilte Handlungsvollmacht i.s.d. § 54 HGB bedürfte Patrick gem. § 54 II HGB zum Abschluss eines Darlehensvertrages einer besonderen (ausdrücklichen) Ermächtigung, die er aber nach Sachverhaltsschilderung nicht erhalten hat.

**21.** Lösung: b, d

Im Verhältnis zwischen Kaufmann und Prokuristen ist eine Beschränkung des gesetzlich fixierten Umfangs der Vertretungsmacht eines Prokuristen (vgl. § 49 HGB), zum Beispiel durch Arbeitsvertrag oder Weisung, möglich. Aus arbeitsrechtlicher Sicht muss sich der Prokurist auch an eine solche (interne) Beschränkung halten, um nicht disziplinarisch zur Verantwortung gezogen zu werden. Zum Schutz der außenstehenden Geschäftspartner ist ihnen gegenüber aber eine derartige (interne) Beschränkung des Umfangs der Prokura, egal ob sie von einer solchen Beschränkung wissen oder ahnungslos sind, gem. § 50 HGB grundsätzlich (vgl. aber Lösung zu 23.) unwirksam.

---

[316] Diesbezüglich gilt sogar als allgemein anerkannt, dass beim Kauf eines Grundstücks selbiges auch seitens des Prokuristen mit einem Grundpfandrecht (Hypothek oder Grundschuld) belastet werden darf, um ein mit dem Grundstückskauf einhergehendes Immobiliendarlehen zu besichern.

**22.** Lösung: d

Die Prokura ist unmittelbar mit ihrer wirksamen Erteilung gem. § 48 HGB und nicht erst durch die zwingend vorgeschriebene Handelsregistereintragung gem. § 53 I HGB wirksam (deklaratorische Rechtswirkung der Registereintragung). Ebenso wirkt der Widerruf einer gem. § 48 HGB wirksam erteilten Prokura gem. § 52 HGB unmittelbar zum Zeitpunkt der Erklärung. Aber auch diese Rechtstatsache bedarf gem. § 53 II HGB zwingend einer entsprechenden Handelsregistereintragung (ebenfalls mit deklaratorischer Rechtswirkung). Dabei ist aber zu beachten, dass nach § 15 I HGB eine in das Handelsregister einzutragende Tatsache, solange sie nicht eingetragen und bekanntgemacht ist, von demjenigen, in dessen Angelegenheiten sie einzutragen war, einem Dritten nicht entgegengesetzt werden kann, es sei denn, dass sie diesem bekannt war.

**23.** Lösung: b, c

Nach § 50 I HGB sind interne Beschränkungen des gesetzlich fixierten Umfangs der Vertretungsmacht eines Prokuristen (vgl. § 49 HGB) außenstehenden Dritten gegenüber (*grundsätzlich*), egal ob sie von der Beschränkung wissen oder ahnungslos sind, unwirksam. Eine *Ausnahme* gilt jedoch bei einem Missbrauch der Prokura zum Nachteil des vertretenen kaufmännischen Unternehmens. Nach dem Grundsatz von Treu und Glauben (vgl. § 242 BGB) wird in der Rechtsprechung und Literatur die Berufung auf eine bestehende Vollmacht im Falle deren Missbrauchs eingeschränkt. Rechtsfolge eines solchen Missbrauchs ist, dass die Vertretungsmacht das missbräuchlich getätigte Geschäft namens des Vertretenen nicht deckt (vgl. Baumbach/Hopt, HGB, 37. Aufl. 2016, § 50 Rn. 6). Das heißt, dass es sich quasi um eine Vertretung ohne Vertretungsmacht (vgl. §§ 177 ff. BGB) handelt und insofern der zustande gekommene (schädigende) Vertrag keine Wirksamkeit erlangt. Ein klarer Fall des Missbrauchs der Prokura, aufgrund dessen sich der Vertragsgegner nicht auf das Bestehen der Vertretungsmacht berufen kann, ist die sog. *Kollusion*, bei der Geschäftsgegner und Stellvertreter in schädigender Absicht vorsätzlich vertragsschließend zusammenwirken (vgl. diesbezüglich auch §§ 138, 826 BGB). Aber auch bei *Evidenz*, d.h. bei positiver Kenntnis oder grob fahrlässiger Nichtkenntnis des missbräuchlichen Verhaltens des Prokuristen beim Geschäftsgegner, deckt die Vertretungsmacht nicht das missbräuchlich getätigte Geschäft.

**24.** Lösung: b

Nach § 54 I HGB erstreckt sich im Fall, dass jemand ohne ausdrückliche Erteilung der Prokura zum Betrieb eines Handelsgewerbes (Generalbevollmächtigter) oder zur Vornahme einer bestimmten zu einem Handelsgewerbe gehörigen Art von Geschäften (Arthandlungsbevollmächtigter) oder zur Vornahme einzelner zu einem Handelsgewerbe gehöriger Geschäfte (Spezialbevollmächtigter) ermächtigt ist, die Vollmacht (Handlungsvollmacht) auf alle Geschäfte und Rechtshandlungen, die der Betrieb eines *derartigen* Handelsgewerbes (Generalvollmacht) oder die Vornahme *derartiger* Geschäfte (Arthandlungs- und Spezialvollmacht) gewöhnlich mit sich bringt. Nach § 54 II HGB ist der Handlungsbevollmächtigte zur Veräußerung oder Belastung von Grundstücken, zur Eingehung von Wechselverbindlichkeiten, zur Aufnahme von Darlehen und zur Prozessführung nur ermächtigt, wenn ihm eine solche Befugnis besonders erteilt ist.

**25.** Lösung: b, c

Wie bei allen Rechtsgeschäften gilt für die Auslegung der Vollmacht das Vertrauensprinzip, d.h., die Erklärungen der Beteiligten sind gem. §§ 133, 157 BGB nach dem objektiven Empfängerhorizont des Geschäftsgegners auszulegen (vgl. Palandt/Ellenberger, BGB, 75. Aufl. 2016, § 167 Rn. 5). Insofern bestimmt § 54 III HGB, dass sonstige Beschränkungen des Umfangs der Handlungsvollmacht greifen, wenn der Geschäftsgegner sie kannte (bei Kenntnisnahme der vorgelegten Handlungsvollmacht) oder kennen müsste (bei Verzicht auf die Kenntnisnahme der Handlungsvollmacht).

**26.** Lösung: c

§ 56 HGB greift nur hinsichtlich solcher Personen, die in einem Laden oder offenen Warenlager angestellt sind. Das Gesetz verwendet den Begriff „angestellt" in § 59 HGB, allerdings ist der Begriff in § 56 HGB aus Gründen des Verkehrsschutzes weiter auszulegen. Angestellt ist demnach jeder, der mit Wissen und Wollen des Kaufmanns in die Verkaufstätigkeit eingeschaltet wird und im Laden oder offenen Warenlager tätig ist, unabhängig davon, was im Übrigen sein Aufgaben- und Pflichtenkreis ist (BGH NJW 1975, 2192).

**27.** Lösung: b, d

Nach § 343 BGB sind Handelsgeschäfte alle Geschäfte eines Kaufmanns, die zum Betrieb seines Handelsgewerbes gehören. Das 4. Buch des HGB über Handelsgeschäfte erfasst aber auch das Handeln bestimmter kleingewerblicher (nicht kaufmännischer) Unternehmen: im 3. Abschnitt kleingewerbliche Kommissionäre (vgl. § 383 II HGB), im 4. Abschnitt kleingewerbliche Frachtführer (vgl. § 407 III S. 2 HGB), im 5. Abschnitt kleingewerbliche Spediteure (vgl. § 453 III S. 2 HGB) und im 6. Abschnitt kleingewerbliche Lagerhalter (vgl. § 467 III S. 2 HGB). Bei einem einseitigen Handelsgeschäft ist nur ein Beteiligter Kaufmann, bei einem beiderseitigen Handelsgeschäft sind beide Beteiligte Kaufleute. Grundsätzlich gelten die §§ 346 ff. HGB im 4. Buch des HGB gem. § 345 HGB auch für das nur einseitige Handelsgeschäft, z.B.: §§ 352 II, 355-357, 358-361, 363-365, 366 und 367 HGB. Nur auf beiderseitige Handelsgeschäfte anwendbar sind z.B.: §§ 346, 353, 369, 377, 379, 391 HGB. §§ 347-350, 354, 368 HGB sind nur für die kaufmännische Vertragspartei anwendbar.

**28.** Lösung: c

Nach § 345 kommen auf ein Rechtsgeschäft, das für einen der beiden Teile (hier entweder für den Käufer oder den Verkäufer) ein Handelsgeschäft ist (also entweder der Käufer oder der Verkäufer gem. § 343 HGB Kaufmannseigenschaft besitzt), die Vorschriften über Handelsgeschäfte (hier betreffs des Annahmeverzugs des Käufers beim Handelskauf gem. § 373 HGB[317]) für beide Teile gleichmäßig zur Anwendung, soweit sich nicht aus den Vorschriften etwas anderes ergibt.

---

[317] Zu beachten ist jedoch, dass, wenn nur der Verkäufer Kaufmann ist, eine allein auf § 373 HGB gestützte (kostenpflichtige) Hinterlegung, insbesondere gegenüber einem Verbraucher, gegen § 242 BGB (Grundsatz von „Treu und Glauben") verstoßen kann.

**29.** Lösung: b, d

Es handelt sich um ein beidseitiges Handelsgeschäft, da sowohl die kaufende „Meier & Müller KG" als auch die verkaufende „Fußball-Fan-Artikel OHG" kaufmännische Unternehmen sind. Die Kaufmannseigenschaft leitet sich bei beiden Unternehmen daraus ab, dass sie sich entweder als Personengesellschaft handelsgewerblich betätigen (vgl. § 105 I, § 161 I HGB) oder sich als kleingewerblicher Personenzusammenschluss (freiwillig) als Handelsgesellschaft ins Handelsregister haben eintragen lassen (vgl. §§ 105 II, 161 II HGB). Demzufolge obliegt es dem kaufmännischen Käufer nach § 377 HGB, nach der Lieferung der Ware diese unverzüglich zu untersuchen und im Fall eines Mangels diesen unverzüglich gegenüber dem kaufmännischen Verkäufer zu rügen. Kommt der Käufer dieser Obliegenheit nicht nach, gilt die Ware nach § 377 II, III HGB als genehmigt. Dies führt zum Verlust der Gewährleistungsrechte des Käufers, so dass weder die Rückzahlung des Kaufpreises noch eine Nachlieferung möglich sind.

**30.** Lösung: c

Die kaufmännische Untersuchungs- und Rügeobliegenheit gem. § 377 HGB greift nur bei einem beidseitigen Handelsgeschäft. Das heißt, dass dem (nichtkaufmännischen) kleingewerblichen Unternehmen von A und B in der Rechtsform einer GbR Kaufmannseigenschaft zugeordnet werden muss. Kleingewerbetreibende erlangen die Kaufmannseigenschaft regelmäßig erst durch Eintragung in das Handelsregister (vgl. § 2 HGB). Bei einer kleingewerblichen Personenvereinigung widerspiegelt sich dieser Rechtsgrundsatz in § 105 II HGB. Insofern bedarf es seitens der „A & B GbR" einer Handelsregistereintragung, wodurch sie sich trotz ihrer kleingewerblichen Betätigung die Kaufmannseigenschaft als „A & B OHG" zuordnen, so dass sie ihren kaufmännischen Geschäftspartnern die kaufmännische Untersuchungs- und Rügeobliegenheit gem. § 377 HGB auferlegen können.

**31.** Lösung: c, e

Ein gutgläubiger Eigentumserwerb des Fahrrads nach §§ 929 S. 1, 932 I S. 1 BGB scheitert bereits an der Tatsache, dass K bezüglich der dargebotenen Nichteigentümerschaft des verkaufenden H gar nicht gutgläubig ist, da sich hier die Gutgläubigkeit nur auf den Vertrauensschutz i.S.d. § 1006 BGB (Schutz des guten Glaubens an das Eigentum des Besitzers) bezieht. Aber auch auf der Grundlage des erweiterten Vertrauensschutzes gem. § 366 I HGB (Schutz des guten Glaubens an die Verfügungsbefugnis eines Kaufmanns[318]) findet, trotz der auf dieser Rechtsgrundlage vorhandenen Gutgläubigkeit des K, kein Eigentumserwerb statt, weil der Verweis in § 366 I HGB auf die „Vorschriften des BGB zugunsten derjenigen, welche Rechte von einem Nichtberechtigten herleiten, ..." auch die für alle Tatbestände gutgläubigen Eigen-

---

[318] Auch wenn der Trödelhändler H keine Kaufmannseigenschaft hat, da er sich lediglich kleingewerblich betätigt und nicht im Handelsregister eingetragen ist, greift die Regelung des § 366 I HGB, weil der Gesetzgeber einem kleingewerblichen Kommissionär zum einen gem. § 383 II S. 1 HGB die Bestimmungen im 3. Abschnitt des 4. Buches des HGB zum Kommissionsgeschäft (§§ 383 ff. HGB) und zum anderen gem. § 383 II S. 2 HGB diesbezüglich allgemeine Vorschriften des 1. Abschnitts des 4. Buches des HGB (hier: § 366 HGB) zuordnet.

tumserwerbs gleichermaßen geltende Regelung in § 935 I BGB (kein gutgläubiger Eigentumserwerb an abhanden gekommenen Sachen) mit einschließt. Demzufolge ist E Eigentümer des ihm gestohlenen Fahrrads geblieben und K hat an dieser beweglichen Sache lediglich (unberechtigt) den Besitz erlangt. Auf der Grundlage dieser Vindikationslage (fehlendes Besitzrecht des K) kann E von K das Fahrrad gem. §§ 985, 986 BGB herausverlangen.

**32.** Lösung: a, b, c

Die GbR ist gem. § 705 BGB ein Zusammenschluss von mindestens zwei Gesellschaftern (natürlichen oder juristischen Personen), die sich durch einen (formlosen) Gesellschaftsvertrag gegenseitig verpflichten, die Erreichung eines gemeinsamen Zwecks in der durch den Vertrag bestimmten Weise zu fördern. Der gemeinsame Zweck ist nach der Regelung nicht auf bestimmte Bereiche gemeinsamen Handelns limitiert; § 105 I HGB macht aber deutlich, dass die Rechtsform der GbR nicht für die Ausübung eines Handelsgewerbes, sondern nur einer kleingewerblichen Betätigung zur Verfügung steht. Ansonsten können auch nichtgewerbliche Zwecke verfolgt werden, wie beispielsweise bei einer Wohngemeinschaft. Auch ein Zusammenschluss von Freiberuflern (z.B. in Form einer Anwaltssozietät) ist möglich.

**33.** Lösung: b

Der gemeinsame Zweck eines Personenzusammenschlusses in der Rechtsform einer OHG ist gem. § 105 HGB grundsätzlich auf den Bereich gewerblicher Betätigung limitiert. Auf der Basis der Ausübung einer kleingewerblichen Tätigkeit kann der Personenzusammenschluss wahlweise als nichtkaufmännisches Unternehmen in der Rechtsform einer GbR oder gem. § 105 II HGB als kaufmännisches Unternehmen (vgl. § 2 HGB!) in der Rechtsform einer OHG (Handelsregistereintragung wirkt gem. § 123 I HGB konstitutiv) gegründet werden. Sowie der gewerbliche Personenzusammenschluss aber (bewusst oder unbewusst) auf handelsgewerbliche Betätigung ausgerichtet ist, entsteht per Gesetz gem. § 105 I HGB ein kaufmännisches Unternehmen (vgl. § 1 I HGB!) in der Rechtsform einer OHG (Handelsregistereintragung wirkt gem. § 123 II HGB deklaratorisch).

**34.** Lösung: b

Gem. § 123 I HGB tritt die Wirksamkeit der OHG im Verhältnis zu Dritten *grundsätzlich* mit dem Zeitpunkt ein, in welchem die Gesellschaft in das Handelsregister eingetragen wird (Registereintragung wirkt konstitutiv). *Ausnahmsweise* tritt die Wirksamkeit der OHG nach außen aber gem. § 123 II HGB bereits mit dem Beginn handelsgewerblicher Betätigung und nicht erst mit der Handelsregistereintragung ein (Registereintragung wirkt deklaratorisch).

**35.** Lösung: b

Die Kommanditisten sind nach § 170 HGB von der Vertretung der Gesellschaft ausgeschlossen. Diese zwingende Regelung bezieht sich aber nur auf die *gesetzliche* (organschaftliche) Vertretungsmacht, die gem. § 161 II HGB i.V.m. § 125 HGB eben nur den (voll haftenden) Komplementären rechtlich zugeordnet wird. Dies schließt aber nicht aus, dem (beschränkt haftenden) Kommanditisten *rechtsgeschäftlich* Vertretungsmacht durch entsprechende Vollmachtserteilung (vgl. §§ 166 II, 167 BGB) in Form einer Prokura oder Handlungsvollmacht (vgl. §§ 48 – 58 HGB) zuzuordnen.

**36.** Lösung: b, c

Gem. § 161 II HGB gilt für die gesetzliche (organschaftliche) Vertretungsmacht der (voll haftenden) Komplementäre die rechtliche Regelung des § 125 HGB aus dem OHG-Recht. Danach ist gem. § 125 I HGB grundsätzlich jeder Gesellschafter zur Vertretung der Gesellschaft ermächtigt, wenn er nicht durch den Gesellschaftsvertrag von der Vertretung ausgeschlossen ist (Einzelvertretung). Gem. § 125 II HGB kann im Gesellschaftsvertrag aber auch bestimmt werden, dass alle oder mehrere Gesellschafter nur in Gemeinschaft zur Vertretung der Gesellschaft ermächtigt sein sollen (echte Gesamtvertretung). Ebenso wäre es auf der Grundlage entsprechender gesellschaftsvertraglicher Übereinkunft gem. § 125 III HGB auch möglich, - neben der Einzel- bzw. echten Gesamtvertretung - einzelne Komplementäre nur zusammen mit einem Prokuristen zur gesetzlichen Vertretung zu bestimmen (unechte Gesamtvertretung).

**37.** Lösung: c

Solange die Kommanditgesellschaft noch nicht im Handelsregister eingetragen ist, haftet der Kommanditist nach § 176 I S. 1 HGB einem ahnungslosen Dritten gegenüber, der von der (beschränkten) Kommanditistenhaftung des Gesellschafters gem. §§ 171 f. HGB nichts wusste, unbeschränkt für die Gesellschaftsschulden, sofern er der Aufnahme der Geschäfte zugestimmt hat.

**38.** Lösung: a, d

Ein Handelsgewerbe ist gem. § 1 II HGB jedes Gewerbe, es sei denn, es erfordert nach Art oder Umfang keinen in kaufmännischer Weise eingerichteten Geschäftsbetrieb. Ob ein Unternehmen als kaufmännischer Betrieb geführt werden muss, hängt von der Komplexität und Größe des Unternehmens ab, wobei das Gesamtbild des organisatorisch-rechtlichen Gebildes (nicht einzelne wirtschaftliche Parameter) entscheidend ist. Wenn der Sachverhalt nicht klar und eindeutig lediglich kleingewerbliche Tätigkeit schildert, ist zwingend von einem Handelsgewerbe und damit von einem kaufmännischen Unternehmen (hier: OHG gem. § 105 I HGB i.V.m. § 123 II HGB) auszugehen.

**39.** Lösung: c

Nach § 28 I HGB gelten die bereits entstandenen Verbindlichkeiten (Unternehmens-Altschulden des Fleischermeisters Florian) den Gläubigern gegenüber (grundsätzlich) als auf die Gesellschaft übergegangen. Eine abweichende Vereinbarung gegenüber einem Dritten kann gem. § 28 II HGB wirksam gemacht werden, aber nur, wenn sie in das Handelsregister eingetragen und bekanntgemacht oder von einem Gesellschafter dem Dritten mitgeteilt worden ist.

**40.** Lösung: c

Gem. § 128 S. 1 HGB haften die Gesellschafter einer OHG für die Verbindlichkeiten der Gesellschaft als Gesamtschuldner persönlich. Jeder haftet stets (vgl. § 128 S. 2 HGB) unmittelbar, unbeschränkt, gesamtschuldnerisch, rück- und abgangsbezogen. Ein eintretender Gesellschafter haftet demnach gem. § 130 HGB in jedem Fall (vgl. § 130 II HGB) auch für die Verbindlichkeiten, die bei seinem Eintritt bereits bestehen.

**41.** Lösung: b, c

Gem. § 160 I HGB haftet der ausscheidende Gesellschafter für die bis dahin begründeten Verbindlichkeiten der Gesellschaft (vgl. Lösung zu 42.), wenn sie vor Ablauf von fünf Jahren nach dem Ausscheiden fällig werden und daraus Ansprüche geltend gemacht werden. Im Umkehrschluss dieser Regelung haftet der ausgeschiedene Gesellschafter für die Verbindlichkeiten, die nach seinem Ausscheiden begründet werden, gar nicht mehr.

**42.** Lösung: d

Für die Haftung des ausscheidenden OHG-Gesellschafters gem. § 160 I HGB für die bis dahin begründeten Verbindlichkeiten der Gesellschaft ist der rechtlich relevante Zeitpunkt des Ausscheidens aus dem Gesellschaftsverband von Bedeutung. Gem. § 143 II HGB muss das Ausscheiden eines OHG-Gesellschafters (zwingend) in das Handelsregister eingetragen werden (Ausscheiden de iure). Demzufolge muss § 15 I HGB beachtet werden, wonach eine in das Handelsregister einzutragende Tatsache (hier das Ausscheiden de facto am 01.01.2016), solange sie nicht eingetragen und bekanntgemacht ist, von demjenigen, in dessen Angelegenheiten sie einzutragen war, einem Dritten nicht entgegengesetzt werden kann, es sei denn, dass sie diesem bekannt war. Insofern gilt A dem ahnungslosen Gläubiger L gegenüber erst ab dem 30.01.2016 als aus der OHG (de iure) ausgeschieden, so dass A gegenüber L für die am 10.01.2016 begründete Verbindlichkeit (Kaufpreiszahlung gem. § 433 II BGB) noch voll als OHG-Gesellschafter gem. § 128 HGB gesamtschuldnerisch i.S.d. § 421 BGB persönlich haftet und diesbezüglich innerhalb des in § 160 I HGB festgelegten Zeitraums von fünf Jahren (unter Beachtung der Verjährung des Anspruchs am 01.01.2020 gem. §§ 195, 199 BGB) von L zur Kaufpreiszahlung (gerichtlich) herangezogen werden kann.

**43.** Lösung: b, c, d

Gem. § 1 GmbHG können Gesellschaften mit beschränkter Haftung nach Maßgabe der Bestimmungen des GmbH-Gesetzes zu jedem gesetzlich zulässigen Zweck durch eine oder mehrere Personen errichtet werden. Ziele einer GmbH können somit Gewinnwirtschaftung, aber auch Bedarfsdeckung, Förderung Dritter, künstlerische, soziale oder karitative Zwecke sein. Nach § 5 I GmbHG muss das Stammkapital der Gesellschaft mindestens 25.000 Euro betragen.

**44.** Lösung: b

Gesellschaften mit beschränkter Haftung sind gem. §§ 1, 13 III GmbHG in jedem Fall, unabhängig von der Zweckverfolgung, in der Rechtsform einer Handelsgesellschaft organisiert. Sie besitzen demzufolge gem. § 6 I HGB stets die Kaufmannseigenschaft kraft Rechtsform (Formkaufmann).

**45.** Lösung: c

Die GmbH haftet als juristische Person gem. § 13 II GmbHG unbeschränkt mit ihrem gesamten Gesellschaftsvermögen für die Verbindlichkeiten der Gesellschaft.

**46.** Lösung: d

Die GmbH-Reform führte eine haftungsbeschränkte Unternehmergesellschaft („UG") nach § 5a GmbHG ein. Hierbei handelt es sich um eine Gesellschaft, welche ohne bestimmtes Stammkapital gegründet werden kann. Für sie gelten gemäß der GmbH-Reform Sonderregelungen. Insbesondere darf sie ihre Gewinne nicht voll ausschütten, sondern muss hiermit das Mindeststammkapital der „gewöhnlichen" GmbH, das weiterhin 25.000 Euro beträgt, nach und nach ansparen.

**47.** Lösung: a, c, d

Nach § 1 II S. 2 PartGG fallen die Berufe des Heilpraktikers und des Heilmasseurs unter die freiberuflichen (nicht gewerblichen) Tätigkeiten. Hierfür stehen die GbR, die Partnerschaft und die GmbH als Rechtsform gesellschaftsrechtlichen Zusammenschlusses zur Verfügung. Der Zusammenschluss in der Rechtsform einer OHG scheidet hingegen aus, weil der Zweck einer OHG darin besteht, ein Gewerbe zu betreiben.